JN064043

地方自治の未来をひらく社会教育

監修 社会教育・生涯学習研究所

編 辻　浩／細山俊男／石井山竜平

The future of local autonomy

自治体研究社

まえがき

社会教育は人びとの自発的な学びを支援することを通して、一人ひとりの可能性を開き、人生を豊かにするものである。そのために、心に潤いを与えてくれる文化・表現活動も心と体を伸びやかにするスポーツやレクリエーションも大切である。そして、自分たちにかかわることは自分たちで決めていく「自治」をつくる学びや、歴史の流れの中で人間らしく生き抜くことにつながる学びも大切である。

子どもや若者が健やかに育つ地域をつくること、人びとの支え合いの中で豊かな人間関係をつくること、気候変動を見据えた暮らしを考えること、平和を維持し創造する活動に参加すること—私たちは力を合わせて人間らしい暮らしを取りもどしたいと願っている。そのような住民の自治への願いに応えるために、社会の根本原理を学び、新しい情報や人との出会いをつくることに、社会教育実践は取り組んできた。

しかし、自治を求める動きは、歴史的には、産業の振興と軍備の増強が優先される中で蔑ろにされてきた。そして今日では、「合理的」な経営が自治体に求められ、さらには経済的な「成長戦略」に自治体が組み込まれる中で、自治のあり方が変質してきている。行政はインターネットで結んで広域化するためにサービスを標準化し、利益が見込まれるサービスや資産を企業に提供して、そこで手薄になることを「住民参加」で乗り切る—このようなことが「公共私の連携」の名のもとにすすめられようとしている。

本書を監修する社会教育・生涯学習研究所では、政府が自らの施策を推進するために住民参加を求める「小さな拠点」ではなく、住民の主体的な学びを基盤にした「小さな自治」をつくることをめざしてきた。そしてこの数年、「小さな学び」「小さな自治」「住民の学習と社会教育労働」をテーマとして研究会を重ね、年報や書籍を刊行してきた。また、「阿智村に自治と協働を学ぶ学生セミナー」を開催して、「自治と協働」の本当のあり方を学生に伝えたいと考えてきた。その中で見えてきたことは、住民とともに学び成長する職員の姿を紹介することが大切であるということである。

本書の執筆者は、自治体の社会教育の部署で働く職員、社会教育以外の部署で住民の学習と参加にかかわる職員、雇用が不安定な会計年度任用職員、財団や指定管理者で働く職員である。また、実践現場で働いている職員もいれば、自治体の社会教育計画に携わってきた職員もいる。与えられた職務内容や権限、労働条件は異なるものの、いずれも厳しい状況の中で奮闘してきた人たちである。

このような執筆陣が集結した本書では、それぞれに力を入れている取り組みを紹介するとともに、そのための適正な労働のあり方も考える。優れた実践の創造と職員の働き方は循環しながら発展していかなければならない。そしてその循環を起こすために、住民とともに学び、住民の願いをかなえる職員の気概と、集団として励まし合う気風が必要であると考えている。

本書がさまざまな条件のもとで社会教育実践に熱心に取り組んでいる人たちを励ますとともに、これから社会教育の仕事に携わろうとする人たちの情熱を呼び起こすものになれば幸いである。

目　次

まえがき……三

序　章　地域・自治体づくりと社会教育労働……三

1　地域・自治体づくりと住民の学習……三

戦後社会教育がめざしてきたこと（一三）　自治体改革と社会教育のゆらぎ（一四）　矛盾をはらむ「住民参加」を見据えて（一六）

2　戦後社会教育が残してきたもの……一七

自己教育運動の展開（一七）　公務労働と社会教育労働の可能性（二〇）

3　自治を育む社会教育労働を求めて……二一

多様な社会教育労働を見据えて（二一）　本書の構成（二三）

第Ⅰ部　地域に自治を育む社会教育労働

第1章　自治と協働の地域づくり……二六

—住民も職員も学び育つ、飯田型公民館の取り組みから—

1　地域運営の保育園が誕生「千代しゃくなげの会」……二七

2　学ぶことを貴ぶことで人が育つ風土……二九
3　「公民館をする」住民……三一
4　「住民に巻き込まれる力のある」職員……三四
5　千代の取り組みを支えた飯田市職員……三七
6　基本構想策定に向けた職員の議論から……三八
7　自治の力で公共を変えていく……三九

第2章　自治体職員が地域と向き合うということ……四四
—指定管理をしている地区公民館との関わりから学んだこと—
1　立場の異なる職員と関係を作る……四四
地区公民館の変化を感じる自治体職員（四四）　白石市の公民館の特徴（四五）　目には見えない高い壁（四六）
2　地区公民館を核にした地域づくりへ発展、学習会で関係性が作り直される……四八
地区公民館職員のための学びの場・気づきの場（四八）　危機意識から地域が動き出す（四九）　学習会の開催で聞くことができた若者・中堅世代の声、話し合いの質が変化（五一）
3　住民と住民・地域と自治体職員のより良い関係性を構築するために……五三
話し合いを通して地域の連帯を深めることを目指した市の施策（五三）　発展のためには学び合いが必要（五四）　社会教育で気づき、学び得たことを生かしたい（五六）

第3章　コミュニティ担当者制度による職員の主体形成……六〇
1　飯舘村の地域づくり……六〇
飯舘村の概要（六〇）
2　総合計画におけるコミ担制度……六二

三次総（一九八五～九四年）の課題と若手の登用（六二）　地区（コミュニティ）担当制（六二）　旧村意識の払拭（六三）　ミートバンク事業と夢創塾の結成（六四）　村民企画会議とやまびこ運動（六五）　四次総・五次総での地区別計画策定（六七）　地区別計画の事業化（六八）

3　原発事故からの復興と新しいコミ担制度……六九

原発事故の発生と全村避難（六九）　避難先での新たなコミュニティづくり（七〇）　復興計画の策定（七〇）　六次総・地域みがきあげ計画（地区別計画）の策定と新しいコミ担制度（七二）　若手職員へのコミ担に関するヒアリング（七三）　コミ担の事務担当者へのヒアリング（七三）

4　村にとってのコミ担制度……七五

住民からみたコミ担制度（七五）　村にとってのコミ担制度（七五）

第4章　阿智村全村博物館構想を実現する自治と協働の協会づくり……七八

1　阿智村全村博物館構想とは……七八

村全体を博物館に（七八）　全村博のあゆみ（七九）

2　全村博の担当者として……八〇

テーマを決めた展示から始める（八〇）　「おかいこさま」の飼育（八〇）　伍和地区の歴史の会（八一）　聞き書きプロジェクト（八二）　阿智高校「地域政策コース」の授業（八三）

3　こまんばｍａｃｈｉプロジェクトの発足……八四

初めてのガイド講座（八四）　古民家保全へ（八五）

4　阿智村全村博物館協会の発足……八七

法人格をもつ協会へ（八七）　全村博推進条例の設置（八九）　今後の地域をどう見通すか（九〇）

コラム①　自治をつくる住民の学び……九二

第Ⅱ部　ＮＰＭ改革下の自治体と社会教育労働

第５章　住民の学びを基盤にした地域・自治体づくりと公務労働……九六
１　岡山市の公民館のこれまでの発展の大まかな経過と到達……九六
職員と市民の運動で実現した公民館の充実（九七）　正規職員配置後の努力と公民館でのＥＳＤの発展（九七）　公民館基本方針を策定（九八）
２　公民館の発展を築いた運動はどのようなものだったか……九九
民主的自治体労働者論に基づく運動の展開（九九）　重層的な運動の展開（一〇〇）
３　岡山市の基本方針とその意義と可能性……一〇一
方針実現の仕組みとしてのプラットフォーム（一〇二）　公民館が描くプラットフォームの可能性（一〇三）
４　新たな職員制度の導入と専門職採用問題……一〇五
５　どこに展望を見出すべきか……一〇六
職員集団としての努力と運動（一〇七）
第６章　専門職の葛藤と新たな一歩……一〇九
１　これからの公民館に向けた模索の始まり……一〇九
台風災害時に見た、地域に位置づく公民館と行政機関の姿（一〇九）　新たな模索の始まり（一一一）　公民館と専門職のあり方への模索（一一三）
２　浮かび上がる課題と葛藤……一一六
専門職自身の課題（一一六）　時代の変遷の中での葛藤（一一八）　公民館の理念と現実の狭間で（一一九）
３　専門職の立場として、自治体の職員として……一一九

公民館の「正規」職員、専門職として（一一九）　自治体の当事者として（一二一）

第7章　奈良市生涯学習財団の経営と実践づくり……一二四

1　奈良市生涯学習財団とは……一二四
奈良市の公民館体制（一二四）　奈良市生涯学習財団の設立（一二五）　指定管理者制度の導入（一二六）　外郭団体であるということ（一二七）

2　奈良市生涯学習財団の経営……一二八
職員集団をつくりたい（一二八）　奈良市の社会教育行政の一端を担う……一定水準以上での事業展開（一二九）　職員研修にて優れた実践を学び、専門性を高める（一三〇）　専門職として自らの学びをマネジメントしよう……研修委員会（一三一）

3　住民とともに……一三三
「公民館って、どんなとこ？」「公民館って、こんなとこ！」（一三三）　「おしゃべり会in公民館」……二四の公民館が二四通りの方法で（一三五）　住民とともに事業を創る（一三六）　住民とともに、公民館を、地域を、デザインする（一三八）

第8章　社会教育実践と社会教育主事の力量形成……一四〇

1　越前市の公民館と主事の役割……一四〇
越前市の公民館（一四〇）　越前市の公民館の役割（一四一）　越前市独自の公民館主事研修（一四三）

2　公民館との出会いと主事仲間の学び合い……一四七
こんな仕事をしてみたい（一四七）　公民館は何をするところ？（一四八）　悩みから始まった「マンデー会」（一四九）

3　私の公民館実践とこれからの課題……一五二
公民館二六年のなかで（一五二）　専門性ってなんだろう？（一五三）

コラム②　ＮＰＭと自治体改革……一五六

第Ⅲ部　行政縮小下における行政づくりへの参加の力

第９章　自治が育つ学びと協働の歴史的形成……一六〇
―阿智村に移住して学ぶ―

１　阿智村の学びと協働に参加する……一六〇
あち憲法を学ぶ会に参加（一六〇）　あち自由大学の世話人に（一六一）　阿智村の学びと協働の構造（一六二）

２　村づくり委員会の歴史的経緯……一六三
村づくり委員会の特徴（一六三）　村を二分した処分場問題（一六三）　行政の役割は住民の自由な学びの保障（一六四）

３　自治が育つ学びを支える職員の役割……一六六
住民参加の講座企画（一六六）　自治を育てた「夢のつばさ　施設づくり運動」（一六六）　学びと協働を支えた林の実践（一六八）

４　自治が育つ学びと協働の本質……一六九
講座の企画委員会は行政主体の枠組み（一六九）　「住民主体」と公民館職員の役割（一七〇）　阿智村の自治と学び、そして協働のいま（一七一）

第10章　社会の転換期のなかで住民の学びをつくる公民館……一七四

１　財政を学び暮らしを考える住民たち……一七四
君津の暮らしを考え隊（一七四）　豊かに暮らし続けるための出張型学習会（一七五）

２　市民学習団体発足に至る経緯……一七七

子どもの教育への問題関心から家庭教育学級で教育財政を学ぶ（一七七）　君津市長選の争点と「はじめての財政学習講座」（一七八）　経営改革下で住民が財政を読む力を身につける「財政学習講座」（一七九）
3　「君津の暮らしを考え隊」の活動の歩み……一八二
団体支援の風土が根付く公民館で活動開始（一八二）　学びの輪を広げるための公民館との共催事業（一八三）
4　コロナ禍を切り拓く「君津の暮らしを考え隊」の活動……一八四
5　住民の学びを支える社会教育職員としての役割……一八六
第11章　公民館づくりをすすめる職員の学びと励まし合い……一九〇
1　学ぶこと、励ますこと……一九〇
西東京市公民館専門員の身分と役割（一九〇）　障がい者青年学級担当者研修部会の学びから得たもの（一九二）　非正規労働者としての学び、労働組合員としての結びつき（一九三）
2　市民と共に学び、歩む……一九四
〝西東京わいわいネット〟の仲間たちと共に（一九四）　コロナ禍で何をするかを考えた（一九六）　行列のできるフードパントリー（一九七）　利用者のアンケートより（一九九）
3　公民館の学びの多様性……二〇二
若者と学び、活動をつくる（二〇二）　若者の就労支援に向けた学び（二〇三）　今、何に向かって学ぶのか（二〇四）
第12章　学びを基盤にした住民と職員と議会……二〇五
1　社会教育との出会いと学び……二〇五
公民館は「駆け込み寺」（二〇五）　自治体職員の最大の武器は「憲法」（二〇七）
2　学びを基盤にした阿智村のしごと……二〇八
村民との協同は「夜間」につくられる（二〇八）　地域に話し合いをつくる「保健計画づくり」（二〇九）　村づくり

の意欲を高める「保健福祉審議会」（二一〇）

3　地方自治の危機に抗して……二一三

住民自治の基本は「議会」（二一三）　「小さな自治」を目指して（二一四）　平和な歴史を切り拓く一人として（二一六）

コラム③　地方自治と社会教育への期待……二一八

終　章　転換期の地域自治と社会教育の課題……二二一

—本書から提起できること—

1　今日の社会教育労働の困難の核心……二二一

社会教育施設の外部委託と指定管理者制度（二二一）　会計年度任用職員制度にゆらぐ非常勤専門職（二二三）　雇用側・発注側の社会教育への健全な理解をいかに導くか（二二四）

2　住民主体にむきあう公務労働の今日的展開……二二五

住民自治に「巻き込まれる」ことで育まれる公務労働（二二五）　住民主体を導き出す公務労働の質（二二八）

3　あらためて自治体に社会教育労働を捉え直す……二三〇

自治体に頼りにされる社会教育部門を目指して（二三〇）　自治体改革への住民意思反映原理の再構築（二三二）　書けないところに添いきる共同研究をめざして（二三四）

執筆者紹介……二三六

序章　地域・自治体づくりと社会教育労働

1　地域・自治体づくりと住民の学習

戦後社会教育がめざしてきたこと

日本が本格的に産業化の道を歩みはじめる中で、貧困や疾病が増え、戦争による被害も大きくなってくる一九二〇年代に、社会教育は国の施策として組織化されることになった。そこでは、社会教育は資本主義社会の構造的な問題に対して、社会にとって必要な知識や思想を国民に植え付けるとともに、生活に行き詰った人を更生させる役割を果たした。しかし一方で、社会主義思想が日本に入り労働運動が芽生えると、その中で労働者の権利を求める学習が行われ、さらには無産農民運動や青年運動の中でも学習が展開された。しかし、このような社会運動と結びついた学習は、一九三〇年代に入ると次第に弾圧され、社会教育は国民教化一辺倒になった。

このような戦前の社会教育への反省から、戦後の社会教育では、住民の学習の自由を守ることと、その学習が発展するように行政が環境を整えることがめざされた。社会教育法の国会審議にあたって、高瀬文部大臣による提案理由では、社会教育は「国民相互の間において行われる自主的な自己教育」であるとした上で、「これに必要な法的根拠を与え、国及び地方公共団体の任務を明らかにいたしますことが必要」とされている[1]。

このような戦後社会教育の理念は、民主的な考えや活動が広がる中で、身近な生活課題を取り上げる学習の豊かな内実をつくりながら、施設や事業、職員体制の充実を求めた。そしてそのことと並行して、高度経済成長で税収が増えたことから、日本は福祉国家をめざし、行政施策が拡大していった。このような中で、一九六〇年代後半から七〇年代にかけて、社会教育は公の施設で自治体の職員がかかわって展開されることが一般的になっていった。

自治体改革と社会教育のゆらぎ

一九七三年のオイルショックを契機に日本は低成長期に入るが、それにもかかわらず景気浮揚の呼び水として公共投資を続け、財政赤字が深刻になった。その結果、八〇年代に入ると行政改革を行わなければならなくなり、八三年に出された第二次臨時行政調査会の答申では、国や自治体が中心となって行ってきた公共サービスを「合理化」して、「民間活力」も使った「小さな政府」にすることがめざされた。このような中で、社会教育の領域では、施設運営の一部が委託され、職員を非正規化し、第三セクターが設置され、利用者に費用負担を求める傾向が見られるようになった。

このような「合理化」をすすめる行政改革の流れはその後加速して、一九九九年に「地方分権の推進を図るための関係法律の整備等に関する法律」（地方分権一括法）が成立した。自治体の効率的な運営を阻害している規制を緩和することを目的としたこの法律で、五三二にのぼる法律が一斉に改正され、その後、省令や政令によってさらなる規制緩和がすすめられた。また、このことと連動して、ＮＰＭ（New Public Management）が新しい公共部門の管理手法として導入され、民間の経営手法に倣った効率性が追求されるようになった。そして、ＰＦＩ（Private Finance Initiative）やＰＰＰ（Public Private Partnership）によって、公共施設の建設や運営における民間資金の活用が促進され、行政と民間の連携の強化が謳われた。

そして今日、住民自治を基本とした団体自治と地方自治体のあり方を根本から改革することがめざされている。二〇一八年に総務省の「自治体戦略二〇四〇構想研究会」が出した第二次報告書では、①ＡＩやロボティクスを活用した「スマート自治体」のもとで自治体行政の「標準化」「共通化」をはかり職員を大幅に削減し、②自治体が行政サービスを提供する「サービス・プロバイダー」から公共私を協働させる「プラットフォーム・ビルダー」となり、③市町村や都道府県をまたぐ圏域行政体をつくり、④東京圏をプラットフォーム化して防災・介護・医療の広域化をはかることが提案されている[2]。

このような「行政改革」「地方分権」「自治体戦略」という流れの中で、財政負担を軽減するための「合理化」が推進された段階から、「公共サービスの産業化」という段階にすすんできている。自治体がもつ施設や不動産そして公共サービスを民間に開放して大きな市場を形成するために、地方自治が否定されようとしている。そこでは利便性が高まることが強調されているが、新たに事業に参入するのは、海外の資本も含む特定の大企業であり、利益が優先されて、住民の暮らしは蔑ろにされかねない[3]。そして、利益を出すことになじまない部分については、住民同士の「共助」を求める動きがつくられている[4]。

矛盾をはらむ「住民参加」を見据えて

このような自治体改革の中で、社会教育が追求してきた地域課題を住民が学び、職員とともにそれを解決しようとする住民参加が避けられる一方で、サービスが手薄になる地域を自分たちで何とかする住民参加が推奨されるようになっている。住民参加は自治の創造に欠かせないものであるが、国家的に期待されるものだけが推進されようとしている。二〇一四年に閣議決定された「まち・ひと・しごと創生長期ビジョン」が強調する「地域運営組織づくり」や「小さな拠点づくり」は、そのような性格をもっている。

法治国家として民主主義を掲げている戦後の日本では、国や自治体による住民の学習へのあからさまな介入という事態はあまり起きない。しかし、一九五九年の社会教育法改正では、補助金で住民の活動を盛んにするといいながら団体の差別化をはかり、社会教育主事の配置を厚くするといいながらその養成に国の意思が入るということが行われた。このようなことに注目して、社会教育を考える視点として、住民による「下からの要求」と行政による「上からの要求」が「外在的な矛盾」のレベルから「内在的な矛盾」のレベルに深化してきたと考えられてきた(5)。そして今日、地域課題を解決したいという「下からの要求」を逆手にとって、自治体サービスのスリム化とグローバル企業の後押しをする「上からの要求」が貫徹されかねない状況に注目しなければならない。

このような参加をめぐる拮抗状況は成人教育の国際的な潮流でも注目され、「社会における学び」から「社会を創る学び」への転換が求められ、そのために、制度化されたものへの参加だけでなく、日常的な生活の場における自発的な参加も大切であると考えられている。このような立場から、EU諸国では、社会に直接貢献する参加だけでなく、サークル活動などへの参加の意義も認め、総じて「参加の文化」の中で大人の学びがとらえられ、それに対する公的な支援が行われている[6]。そのような人びとの自由意思で取り組まれる多様な参加の形態を保障することで、国の政策を遂行することを求める偏狭な「社会参加」に取り込まれることから免れることができる。そして、非制度的参加を制度的参加に結びつけ、国際的な連帯によってグローバル資本主義の統御につなげることが求められている。

2　戦後社会教育が残してきたもの

自己教育運動の展開

戦後の社会教育をふり返ると、このような住民参加をめぐる拮抗した状況の中で、住民の自己教育とそれを支える自己教育運動に取り組んできた。

公民館は戦争の傷跡が残る中で、住民が集まって話し合い、地域の生活課題に取り組んだが、それは、子どもを守る運動や平和運動、公害反対運動、農業を守る取り組み、健康を守る取り組み、女性・障害者・外国人・高齢者の人権を守る活動などに発展していった。これらは社会的に真空状態で行われたわけではなく、日米安全保障体制と経済成長政策のもとで出される政策への批判をともなうこともあった。それだけに権力的な圧力がかかることもあり、それに対して、学習の自由が侵害されないこととすべての人に学習機会を提供しようとする「権利としての社会教育」が提唱された[7]。

このような中で注目されたのが、一九五九年から鳥取県倉吉市で取り組まれた自治公民館をめぐる論争である。

「区」と地区公民館を一体化した自治公民館は、住民の活動と学習を統合するものであると評価される一方で[8]、地域の民主主義的な運動がない中では、地域の保守的な力の台頭と行政施策の後退をもたらすとの批判がなされた[9]。また、一九六七年から京都府がはじめた「ろばた懇談会」も注目された。そこでは、地域課題を見据えて住民の学習と活動を展開した時に、活動の成否に目を奪われて人びとの人間的な発達が注目されない危険性を抱えていた。また、住民への情報提供のために行政の幹部職員が参加したが、それが権威的になる可能性もあり、その運営に苦心したといわれている[10]。

このような実践に前後して、社会教育にかかわる自治体職員および住民が、集団的に社会教育の本質と条件を検討し文書にまとめる動きが起きた。一九六三年に大阪府枚方市の社会教育委員の会が出した「社会教育をすべての市民に―枚方市における社会教育の今後のあり方―」（枚方テーゼ）では、母親大会の開催や府立高校の誘致、保育園や文化会館の設置、安保闘争など住民運動の広がりを背景に、①社会教育の主体は市民である、②社会教育は国民の権利である、③社会教育の本質は憲法学習である、④社会教育は住民自治の力となるものである、⑤社会教育は大衆運動の教育的側面である、⑥社会教育は民主主義を育て、培い、守るものである、と謳われた[11]。

また、一九六五年に長野県飯田・下伊那主事会が出した「公民館主事の性格と役割」（下伊那テーゼ）では、農業基本法体制の下で厳しい生活を迫られる中で、公民館の仕事を「歴史の流れの中で、より人間らしく生き抜こうとする人間」の形成であると考え、そのために、「教育の専門職」そして「自治体労働者」として、「働く国民大衆から学んで学習内容を編成する」とともに「社会教育行政の民主化を住民とともにかちとっていく」ことが提起された[12]。

そして、一九七四年に東京都教育庁社会教育部が出した「新しい公民館像をめざして」（三多摩テーゼ）では、急激な都市化で生まれた生活や地域の課題を見据え、それに取り組む住民運動や文化活動を支援することが社会教育であるととらえ、①公民館は住民の自由なたまり場です、②公民館は住民の集団活動の拠点です、③公民館は住民にとっての「私の大学」です、④公民館は住民による文化創造のひろばです、という「四つの役割」や、①自由と均等、②無料、③学習文化機関としての独自性、④職員必置、⑤地域配置、⑥豊かな施設整備、⑦住民参加、という「七つの原則」が打ち出された[13]。

このような「権利としての社会教育」を求める中で、一九五〇年代末から七〇年代初頭までの高度経済成長期には、困難を分かちあえる「真の仲間」がほしいという青年からの要望に応える勤労青年学級が生まれ、農村女性の学習では、地域の封建的な性格に抗いながら、生活課題を見つめて系統的な学習が取り組まれてきた。また、一九七〇年代中頃から八〇年代末までの低成長・経済大国期には、障害者青年学級が生まれ、高齢化の急速な進行の中で地域福祉の推進にかかわって住民の学習が組織された。そこでは、学習の機会を奪われてきた人たちの学習権保障や生活に困難をかかえる人の多様な要求にこたえる取り組みが展開されてきた。そして一九九〇年代以降の格差拡大期には、競争が厳しくなり不安定な雇用が広まる中で、生きづらさをかかえる若者への支援や中途障害を負った人への実践が展開された。そこでは、既存の経済循環や価値観を見直しながら、新しい働き方と生き方をつくる学びの場がつくられてきている[14]。

公務労働と社会教育労働の可能性

住民主体の学習は自由に行われるものであるからといって、行政は会場だけを提供すればいいというわけではない。人びとがさらに豊かに成長できるように情報を提供したり、出会いの場をつくったり、学習条件を整備したりすることが必要である。この働きかけが職員の個別で特殊なものでなく、住民の意思を反映したすべての住民に開かれたものであることによって、公的なものとして社会教育労働が存在する意味がある。(15)

そしてこのことは公務労働一般のあり方ともかかわる。自治が形成されていくためには、住民の要望を単に取り上げるだけではなく、職員も主体性的に活動する住民とともに考え行動することで、住民から信頼される公務労働になることが求められている。(16) また、公務労働者が生活や地域の課題に取り組むためには、住民との共感的な関係の中で「いい話」を聞くことが必要である。そのことで他の部署と連携する知恵や情熱を育み、実効性のある取り組みをつくることで、住民と公務労働者の共同発達関係がつくられていく。(17)

このように自治を発展させるために公務労働者が集団的に発達することが必要であり、学習と実践に取り組む住民とともに学びながら、さらなる情報や人的ネットワークを提供するとともに、自治体がもつ資源とも結びつける必要がある。その意味で、公務労働の中核に社会教育の視点を据える必要がある。

3　自治を育む社会教育労働を求めて

多様な社会教育労働を見据えて

今日、社会教育労働はさまざまなかたちで取り組まれている。自治体の教育委員会や教育機関で正規職員として働いている人もいれば、一般行政部局の職員として地域づくりや男女共同参画、保健衛生にかかわる学習を提供している人もいる。また、会計年度任用職員として自治体に採用されて働いている人もいれば、自治体が出資してつくった社会教育や文化の振興にかかわる第三セクターで働いている人もいる。さらには、自治体からの委託を受けたり、施設の指定管理者となったりしてＮＰＯや企業で働く人や地域自治組織にかかわる人もいる。

そして二〇二〇年から「社会教育士」の称号が創設されたことで、大学や講習で資格を取得した人たちがさまざまなかたちで社会教育労働に携わることが予想されている。任用資格があり教育委員会で社会教育の仕事に携わらなければなれない「社会教育主事」よりはるかに多くの人が、称号をもって社会教育の仕事に携わることになる。したがって今後、社会教育の研究・教育の機関と社会教育の現場が、社会教育実践に求められる職員の力量をめぐって活発に意見交換することが必要である。

このように社会教育の仕事に称号をもって取り組む人が増えることは望ましいことであるが、その労働現場はあまり恵まれてはいない。教育委員会や教育機関で正規職員として働いている人の多くは頻繁な異動があり、専門職となっている人も常に機構の見直しに晒されている。一般行政部局の職員として学習を企画している人は行政の期待を住民に押し付けていいのかと悩むことが多い。会計年度任用職員になっている人は労働条件が悪く最終的な決定権を与えられていない。社会教育や文化の振興にかかわる第三セクターで働いている人は自治体の意向に左右されることが多い。そしてＮＰＯや企業で働く人は委託を受けたり指定管理者を継続したりするために合理化の圧力を常に受けている。それに加えて、「自治体戦略二〇四〇構想」で示されている「シェアリングエコノミー」では、自治体の仕事に携わる人を個人事業主とみなして、労働法が適用されない請負契約を結ぶことが想定され、その範囲がどこまで及ぶのか明確になっていない。

このような状況の中で、労働条件の改善を求めることが必要である。しかしそのためには、社会教育の仕事がどのように取り組まれ、住民の学習と自治の創造にどのような役割を果たしているのかを明らかにすることが必要である。住民の学習と自治を発展させる仕事の創造と生活ができ働きがいのある労働条件を確保することの二つを同時に追求することが必要である。

本書の構成

本書の各論稿は、住民の学習と自治を発展させる優れた実践の創造と自らの働き方の改善を結びつけること、そのための職員の気概や情熱の源泉にふれることを念頭においている。このことを共有しながらも、地域・自治体計画、対抗的価値の創造、未来への地域・自治体づくりの視点から、三部構成になっている。

第Ⅰ部「地域に自治を育む社会教育労働」では、住民とともに自治をつくる社会教育が、地区・集落、団体、公民館がかかわりながらどのように追求されているのかを明らかにする。それは、住民との話し合いから地域課題を汲み取り、住民の活動を励ますとともに、職員の連携でそれを実現する地域・自治体計画づくりにつながることになる。

第Ⅱ部「NPM改革下の自治体と社会教育労働」では、自治体改革がすすむ中で社会教育労働から対抗的な戦略を示す。ここでは、自治体とそこで働く職員の厳しい状況を、住民から支持される実践をつくり出すことで突破しようとする組織的な動きと、さまざまな条件の下で働く職員の決意や行動を紹介する。

第Ⅲ部「行政縮小下における行政づくりへの参加の力」では、未来によい地域・自治体を残すために奮闘する中で見えてきた、住民と職員が主体的に学び合うための実践的な視点を提示する。そこでは、「小さな学び」を保障する仕組み、住民の意識の高まりへの講座を通した支援、生きづらさをかかえる住民の立場に立ったネットワークづくり、憲法を指針に平和を求めることへの確信が語られる。

（辻　浩）

注

（1）「社会教育法案提案理由（高瀬文部大臣説明）」一九四九年（横山宏・小林文人編著『社会教育法成立過程資料集成』昭和出版、一九八一年所収）。
（2）自治体戦略二〇四〇構想研究会『第二次報告』二〇一八年。
（3）岡田知弘「安倍政権の成長戦略と『自治体戦略二〇四〇構想』」白藤博行・岡田知弘・平岡和久『「自治体戦略二〇四〇構想」と地方自治』自治体研究社、二〇一九年。
（4）辻浩「高齢社会における地域福祉の推進と社会教育の課題」日本社会教育学会編『高齢社会と社会教育―日本の社会教育　第六六集―』東洋館出版社、二〇二二年。

（5）小川利夫「社会教育の組織と体制」小川利夫・倉内史郎編『社会教育講義』明治図書、一九六四年。
（6）佐藤一子『生涯学習と社会参加―おとなが学ぶことの意味―』東京大学出版会、一九九八年。
（7）社会教育推進全国協議会十五年史編集委員会編『権利としての社会教育をめざして―社会教育推進全国協議会十五年の歩み―』ドメス出版、一九七八年。
（8）宇佐川満「公民館の役割と機能」宇佐川満・朝倉秋冨・友松賢『現代の公民館―住民自治にもとづく再編成の構想―』生活科学調査会、一九六四年。
（9）小川利夫「『自治公民館』の自治性」『月刊社会教育』一九六三年三月。
（10）津高正文「学習・教育事業としての『ろばた懇談会』」津高正文・森口兼二編著『地域づくりと社会教育―京都「ろばた懇談会」に学ぶ―』総合労働研究所、一九八〇年。
（11）枚方市教育委員会「社会教育をすべての市民に―枚方市における社会教育の今後のあり方―」一九六三年（社会教育推進全国協議会資料委員会『社会教育・四つのテーゼ―「住民の学習と資料」臨時増刊号―』一九七六年、所収）。
（12）長野県飯田・下伊那主事会「公民館主事の性格と役割」一九六五年（同前書、所収）。
（13）東京都教育庁社会教育部「新しい公民館像をめざして」一九七四年（同前書、所収）。
（14）辻浩『〈共生と自治〉の社会教育―教育福祉と地域づくりのポリフォニー―』旬報社、二〇二二年。
（15）島田修一『社会教育の自由と自治』青木書店、一九八五年。
（16）岡庭一雄「一人ひとりの人生の質が高められる村をめざして」岡庭一雄・細山俊男・辻浩編著『自治が育つ学びと協働　南信州・阿智村』自治体研究社、二〇一八年。
（17）宮本昌博「住民と労働者の共同発達関係をつくる自治体労働者」島田修一・辻浩・細山俊男・星野一人編著『人間発達の地域づくり―人権を守り自治を築く社会教育―』国土社、二〇一二年。

第Ⅰ部

地域に自治を育む社会教育労働

近年は、自治体の広域化・スリム化が進められる一方で、行政が届きにくいところで自発的、自律的に問題解決を担うコミュニティ組織を整え、その実働を期待する政策が、様々に進められている（総務省からの「地域運営組織」形成の奨励、公民館の地域委託とそのための受け皿組織の再編、その単位での地域づくり計画の策定と実働など）。

こうした政策動向に先んじて、住民自治に向き合ってきた社会教育労働はいかなる働き方をしていたのだろうか。こうした攻撃動向の渦中で、社会教育職員は、地域にいかに向き合ってきているのだろうか。

第1章　自治と協働の地域づくり

―住民も職員も学び育つ、飯田型公民館の取り組みから―

私は日本公民館学会の会員である。この学会は公民館など社会教育の現場職員や研究者などで構成されているが、学会に参加する現場職員の多数は、長く社会教育現場に配置された、専門的知見や力量のある職員である。そしてこれら職員の所属する自治体は、公民館や社会教育の仕事を、一定の専門性を持った機関と評価する、少数のケースではないかととらえている。必然研究者もそういう自治体を研究の対象とすることが多いと考えられ、結果として国内各地の公民館像を網羅できていないととらえている。

社会教育法で公民館は、当該市町村が設置することとなっており、したがって公民館の組織や活動はもともと市町村によって多様に解釈され、運用されるものである。

二〇一七年四月から五年間、私は社会教育の専門職として長野県の職員となり、県内各地の社会教育活動や取り組みを支える職員の育成に関わり、県内各地の公民館の実際について現場で学んだ。長野県の場合は松本市や飯田市、阿智村の公民館の組織や活動が良く取り上げられ、それが長野県の公民館の一般的な姿ととらえられることが多いが、市町村によって、さらに市町村においても公民館の設置された地域によって、公民館のありようが多彩である、ということを知った。

とはいえ次の二点は、他県他地域と比較した、長野県の公民館の共通の特徴である。

一つ目は、七七の市町村のすべてに公立の公民館が設置されており、ほとんどの公民館に、市町村の正規職員である公民館主事が配置されていること。

二つ目は、ほとんどすべての市町村に自治公民館（分館、町内公民館など）が設置されており、長野県生涯学習センター調べでは国の社会教育調査の一八〇五館を大幅に上回り三八〇〇を超えて設置されていること。長野県職員時代に県内各地を訪問し、そこで地域住民と公民館について話をする機会があったが、地域住民が称する公民館は、ほとんどが自治公民館のことを指していた。長野県に暮らす人々にとって公民館は大変身近な存在であるが、それは自治公民館の組織・活動があってからこそである。

飯田市の公民館もこの共通する二つの特徴を持っているが、このことに加えて公民館活動に参加する住民や住民主体の公民館活動を支える職員が学び育ち、地域や組織を担う人材として育つ役割も持っている。

以下に「自治と協働の地域づくり」の視点から、飯田市の公民館活動が果たしてきた役割について報告したい。なおこの報告では特徴的な飯田市の公民館の仕組みや取り組みを飯田型公民館という言葉で紹介する。

1　地域運営の保育園が誕生「千代しゃくなげの会」

二〇〇五年飯田市千代（ちよ）地区に地元住民が出資した社会福祉法人「千代しゃくなげの会」が誕生した。そして地区内にある飯田市立千代・千栄保育園の運営を受託した。

飯田市は長野県の南、南アルプスと中央アルプスに囲まれ、諏訪湖を源流に太平洋まで流れる天竜川に貫かれた山の都である。このうち千代地区は天竜川の東側の、竜東地区に位置している。飯田市の中でも竜東地区は傾斜地が多く、典型的な中山間地域であり、少子高齢・人口減少が進む地域である。

二〇〇三年、千栄保育園の園児数が初めて九人と一桁になった。そして飯田市から地区に対し、保育園を統合するか民営化して両園を存続するか、という相談があった。

地域では、両保育園ともに残していきたいという願いから、自治協議会による検討委員会を設置し、あり方についての検討を重ねる中で、地域で社会福祉法人を設置し、両保育園の維持を図ろうという結論に至った。

社会福祉法人設立のためには、経営の安定を担保するために一定の積み立てが必要である。そこで地区では各世帯からの均等負担と篤志寄付により一千万円を調達し、二〇〇五年に社会福祉法人「千代しゃくなげの会」を設立、地元立の保育園を運営することとなった。二〇二二年六月現在、千代保育園に三二人、千栄分園に九人の園児が在籍している。

その後地域の高齢者は地域で守るというニーズを受けて、二〇一一年には「ディサービスセンター千代しゃくなげの郷」も開所、同会は、地域の課題解決に取り組む地元立の事業体として活動している。

保育園では夜七時までの延長保育や〇歳児保育なども受け入れており、また学童保育や、入園未満の親子の交流拠点である子育て広場「くまさんの家」の運営も手掛けるなど、私立保育園を含めた市内の保育園の中でも、保育サービスの多彩さはトップクラスである。このことにより充実した千代の環境で保育を受けさせたいと、地区外か

千代しゃくなげの会が運営する子育て広場「くまさんの家」

らの預け入れ希望も生まれている。

またディサービスセンター千代しゃくなげの郷の定員は一八人、老いても地域で暮らし続けられる役割を担っているが、定期的に保育園の子どもたちとディサービスに通う高齢の方たちとの交流会も行っており、このことによりお年寄りには活気が生まれ、子どもたちにはお年寄りとのふれあいを通して人に対する心遣いを身に付けている。

2　学ぶことを貴ぶことで人が育つ風土

大正期竜丘村（現在の飯田市竜丘）では、山本鼎の自由教育、鈴木三重吉の生活綴方教育などの影響を受けた、子どもたちに対する自由教育が盛んにおこなわれていた(1)。また、大正後期から昭和初期にかけては、上田で生まれた青年たちの自由大学運動の影響を受けた、信南自由大学が飯田の地で取り組まれていた(2)。自由教育、自由大学に共通す

千代しゃくなげの郷の子どもたちとの交流会

るのは、ものごとの価値判断を自分自身で行うことができる物差しを持つことができる人となる学びである。

竜丘村で生まれ育った北沢小太郎（こたろう）は、自由教育、自由大学で学び、戦前は青年団自主化運動の中心として活躍し、戦後は第二代の竜丘村公民館長となり、草創期の公民館運動を支えた(3)。

千代村（現在の飯田市千代地区）でも多くの若者たちが信南自由大学を聴講している。

戦後、民主主義の学校、荒廃した郷土の復興の拠点として全国各地区で誕生した公民館であったが、飯田地域では、こういう戦前の民衆の学習運動の中で育った人たちがいたことが早い時期での公民館の設置に結び付いたのではないかととらえている。

一九五七年千代村では役場と公民館、農協が共同し青年建設班を組織し、働きながら冬場に合宿形式で経済や社会について学ぶ活動で、ここからその後の地域を支えるリーダーたちが育っていった。

一九七三年飯田市公民館は飯田市民セミナーに取り組み始めた。飯田市民セミナーは「地域の課題を、住民自身が発見し解決する学習運動」であり、千代地区では公民館広報委員が中心となり、「過疎問題セミナー」「水資源セミナー」に取り組んだ。

このうち水資源セミナーでは、水資源に乏しいことを地域の課題ととらえて、簡易水道を敷設する取り組みに結び付けた。飯田市民セミナーの中心となった篠田孝雄(たかお)は、青年建設班で育った人物である。

市民セミナーの取り組みがきっかけとなり、千代地区では自分たちが暮らす集落の課題を自分たちで見つけ解決するために一〇の集落ごとに同志会をつくり地域づくり運動に取り組み、その後千代地区全体のことを考える「明日の千代を考える会」を組織した。そしてこの組織が中核となり一九八九年飯田市で初めての地区独自の将来計画である「千代地区基本構想計画」を策定した。そしてこの基本計画に基づいて「よこね田んぼの保全活用」「農家民泊の受け入れ」など多彩でユニークな活動に取り組んでいる。

冒頭で紹介した千代しゃくなげの会の設立の中心となった関口節三(せつぞう)も青年建設班で育った人物のひとりであり、千代地区には、協働で学ぶことを通して力をつけ、力をつけた仲間たちが力を合わせて地域の課題解決に取り組む、そんな風土が育まれている。(4)

竜丘自由画

3 「公民館をする」住民

公民館は戦後、次の二つの目的をもって誕生した。

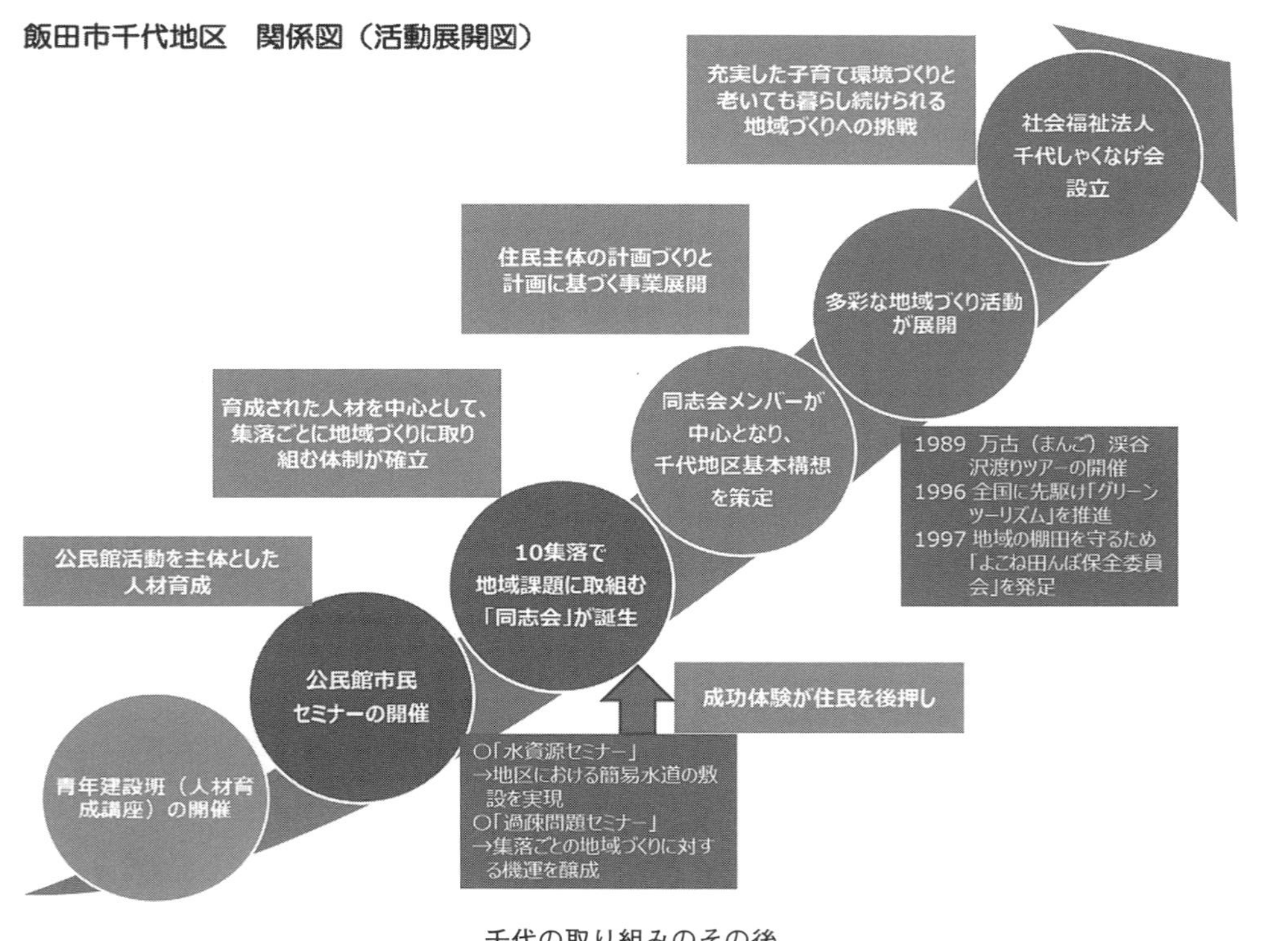

千代の取り組みのその後

出典）『取組のプロセスから見た地域活動ケース分析集』長野県企画振興部地域振興課、2018年6月

一つ目は、戦争の反省から国家権力などの言うなりではなく、ものさしを持って物事を判断できる人が育つ「民主主義の学校」。

二つ目は、戦争で荒廃した郷土の住民自身の手による「復興の拠点」。

飯田市の公民館は戦後草創期の公民館の考え方や仕組みを色濃く残している。

それは市が設置した公民館で事業の企画運営を地域住民が担う専門委員会制度や、資金も含め公民館の事業の企画運営をすべて住民が担う分館制度が今なお機能している点に象徴されている。

龍江（たつえ）公民館体育委員を務めたＡは、仕事は建設業でＩターン者であったが、地域から選ばれる体育委員に推薦された。体育委員はスポーツ大会の選手集めなど地域のつながりが必要となることから最初Ａは推薦を断った。けれども周りの人たちから自分たちもサポートするからと言われ引き受けることとなった。引き受けて活動するうちにともに役員となってくれた人が支えてくれたことで、皆で取り組む活動の大切さを実感するようになった。また多世代・異業種のメンバーで公民館活動の運営に関わることで、地域についての様々な情報や考え方を受け止めるようになり、地域の過疎化を課題ととらえるようになった。そして公民館活動に関わる以前の家庭と仕事場を往復する日常から公民館を第三の居場所としてとらえるようになった。(5)

公民館活動に専門委員や分館役員として関わる住民は、活動を通して次のようなことを学んでいる。「地域課題に出会うきっかけ」「当事者として取り組むことの達成感」「大勢の知恵や力を集めることで多彩なアイデアが生まれる」「組織化や協働の意義を実感」。

二〇一〇年から飯田市公民館と共同研究を続けている東京大学大学院教育学研究科教授の牧野篤は、飯田の公民館活動に関わる人たちに共通する言葉遣いとして「公民館をする」という言葉に着目し、飯田の人たちは公民館を場所・建物としてではなく、活動・機能としてとらえていると分析している。

4　「住民に巻き込まれる力のある」職員

前述で、飯田型公民館の特徴の一つは、住民主体の活動であることを紹介したが、もう一つ大事なのは公民館主事の存在・役割である。

飯田市は一九五七年以来今に至るまで一五の町村と合併を繰り返してきたが、合併の都度、支所（現在は自治振興センター）と公民館を旧町村単位に設置してきた。ここに旧飯田市の五地区を加えて二〇の地区公民館と連絡調整役の飯田市公民館が設置されている。

そしてそれぞれの公民館に一人ずつ公民館主事が配置されている。公民館主事は市役所の職員となって税務課や市民課など行政サービスに関わる仕事に就いた後、二回目、三回目の異動で公民館に配置され、平均で五、六年在籍したあと、再び一般行政部局に異動する、という人事スタイルである。平均年齢は三十代であり、市職員としてのキャリア形成の部署としてもとらえられている。

地区公民館に配置された公民館主事のパートナーはすべて、専門委員や分館役員として選任された地域住民である。住民委員は三〇代から五〇代の現役世代が中心であり、職業も多彩で、経験や価値観も様々であり、飯田市の公民館自体がダイバーシティな状況である。

公民館主事たちは、パートナーである住民に職員として必要な備えを教え育てられている。そして公民館主事にとって公民館の仕事を通して次のようなことを学んでいる。「職員の企画の陳腐さと、多彩な市民の参画による豊富さ」「主体は市民、行政は支え手という関係性の意識化」「上意下達ではない話し合い方式の経験」「専門委員を中心とした住民との日常的な交流の中から様々な住民意識や地域の課題を学ぶ場」。

二〇一四年一〇月に二泊三日をかけて「公民館解体新書塾」を開催した。これは飯田型公民館の特徴や課題を見直すとともに、自治体職員である公民館主事の力量はどのように形成されているのかを学ぶことが目的であり、飯田市の公民館主事に加えて、尼崎市、松本市、駒ケ根市の職員や、大学の研究者らが参加した。

この学習会に参加した九州大学の八木（やつき）信一（地方財政学、環境経済学）は「飯田市の公民館主事には、住民に巻き込まれる力がある」と言語化してくれた。「巻き込まれる」という言葉は受動的であり、言葉としては奇異ではあるが、これはいうなれば住民との協働力と言い換えることができる。

飯田市の公民館主事の先輩で、のちの和歌山県高野町副町長を務めた高橋寛治は、日ごろから私たち後輩に「住民は送り手で、職員は受け手である」と語っている。これは自治の主体は住民であり、自治体の職員は送り手である住民の思いを常に受け止め続ける備えが必要であるということを意味しており、住民に巻き込まれる力とはまさしくそういう力量のことを指すととらえている。

一九七二年に飯田市長となり、飯田市民セミナーの取り組みを支えた松澤太郎は、公民館で力をつけた職員がその後一般行政部局で一層その力を発揮する、そういう人事に力を入れており、そこには「飯田市役所全体を公民館のようにしたい」という思いがあった。二〇二〇年一〇月に就任した佐藤健（たけし）飯田市長からも同様の考えを伝えていただいている。

実際、公民館主事時代に「住民に巻き込まれる力」を身に付け、人事で他部局に異動した後に公民館時代以上の実践に取り組んでいる職員は少なくない。

前述した高橋寛治は、龍江公民館主事時代に飯田市民セミナーを経験し、その後農業振興や中心市街地活性化などの仕事で優れた実績を残したが、「公民館主事から異動した後も、常に自分の仕事は市民セミナーであった」という。

農業振興の仕事では「地域マネジメント事業」に取り組んだ。これは農業問題を広く地域全体の在り方と重ねてとらえて、住民自身の力で農を中心とした地域経営の計画づくりや実践を進める取り組みである。

中心市街地活性化では、現場で住民とともに過ごしながら課題を学んでいくために街なかの空き店舗を借り受けて「まちなかサロン」とし、そこを拠点とした学習会を重ねることから、住民主体で組合施工の再開発事業に結び付けた。

現在教育委員会の参与を務める松下徹は、飯田市、竜丘、橋北公民館の主事を務めた後、農業振興の部署に配置されたとき、たい肥センターの建設に取り組んだ。この取り組みの発端は、畜産農家の排出する家畜の糞尿処理の問題である。家畜の糞尿はそのまま畑に撒くと土地が富栄養化し、食物の成長の妨げになることから産業廃棄物として処理をせざるを得ず、経営コストとなって農家経営を圧迫していた。

この問題に取り組もうと松下は畜産農家を訪れた最初、畜産農家の実際を知らないものとは話ができないと門前払いを受けた。そこで松下はその農家に泊まり込み、畜産農家の仕事を自身で体験しながら実態を学び、農家との信頼関係を作ることから取り組みを始めた。

その信頼関係をもとに畜産農家と学習会や視察研修を重ねる中で、畜産の糞尿ときのこの廃培地、家庭から排出される生ごみを加えることで良好なたい肥となることがわかった。そして畜産農家六軒と飯田市の出資した株式会社飯田ゆうきを設立し、たい肥の原料となる家庭生ごみは市環境課の協力のもと街なかの家庭から生ごみを回収し、きのこ農家の廃培地、家畜糞尿を攪拌する施設管理は畜産農家が担当、販売はＪＡが行う仕組みを作り、今も機能している。

5　千代の取り組みを支えた飯田市職員

社会福祉法人千代しゃくなげの会は、住民の自治力をはぐくむ地域の歴史・風土があって実現したものであるが、地元立の社会福祉法人を設立して保育園の経営移管をしたいという地元の意見も極めて異例であり、そのことを受け止める飯田市側に職員の協働力があったことも取り組みの実現を語るには抜きにできない。

飯田市役所千代支所（現在の千代自治振興センター）には所長、窓口担当職員、保健師、公民館主事が配置されていたが、支所は、よこね田んぼ保全委員会、体験教育旅行農家民泊の受け入れなど、住民主体の様々な取り組みの事務局機能も果たしており、日常的に地域住民のよりどころでもあった。地元立保育園の設置に向けては、保護者世代を中心に、市の直営でなくなることへの不安の声があり、支所職員たちはそういう不安の声を受け止め、中立的に接しながら、その声を市の担当部局に届ける役割も担っていた。また、社会福祉法人設立のための基金の寄付にあたっては、その実務を代行していた。[6]

既存の社会福祉法人ではなく、地元住民が出資して新たに設立した社会福祉法人に経営移譲するという取り組みは、全国的に見ても例のない試みであることから、地元側の合意に至るプロセスも簡単ではなかった。また、法人化や経営移譲に向けても煩雑な手続きを必要とした。保育園民営化に向けた行政の窓口は子育て支援課の保育係であったが、社会福祉法人化に向けた地域住民との度重なる話し合いへの参加、社会福祉法人の設立にむけた諸手続きについての相談、法人認可を所管する県とのつなぎなど、担当者の献身的な関りも取り組みの実現には欠かせないことであった。[7]

6　基本構想策定に向けた職員の論議から

二〇〇四年飯田市の第三次基本構想計画の策定に取り組んだ時のエピソードを紹介したい。この年は前飯田市長の牧野光朗（みつお）の当選と重なっていた。牧野は飯田市長選として初めてマニフェストを掲げて当選した人物であった。ちょうど時を同じくして飯田市は基本構想の策定に取り組んでいた。飯田市の基本構想は当時、市の若手・中堅職員と公募により集まった市民によってワーキングチームを作り、話し合いによって作り上げていくという方法を採っていた。

ある時構想づくりに向けた職員同士の話し合いの場で「市長のマニフェスト」と「市民の提案」の内容が相反した時に、どちらを選ぶのか、というテーマで話し合った。

「市職員は市長の意向を受けて政策・事業にあたるもの」という意見と、「選ばれた市民の声を優先すべきもの」という意見に分かれたが、最終的には後者の意見にまとまった。「市民は市長のマニフェストすべてを認めて選んだわけではなく、ケースによっては市民の声のほうが市長のマニフェストよりも市民の必要・願いに沿ったものとなることがある」という理由による。

「自治の主役は住民である」「職員は住民との協働の中から必要な政策を立案していく」という民主的な職場風土が育っていることを実感した時であった。

7　自治の力で公共を変えていく

二〇〇九年民主党政権の時代、「新しい公共」という言葉が使われるようになった。このことに先立ち特定非営利活動促進法（通称ＮＰＯ法）が制定されたが、新しい公共はこの法律の延長にあるととらえている。

私は公民館主事時代の飯田市公民館主事であった一九九三年、当時の上司・飯田市公民館副館長であった伊藤安正（やすまさ）のアドバイスを受けてＮＰＯに関心を持ち、公民館主事会プロジェクトとして公民館主事仲間とＮＰＯ研究に取り組み始めた。

最初、前名古屋市長を務めた本山政雄（もとやままさお）が始めた「市民ネットワークセンター名古屋」を訪れた。本山は名古屋市長に就任する前は名古屋大学教育学部で教鞭をとる、教育学者でもあった。本山は市長在職時代から、公共が提供する学びの場以外に、市民の求める学びがあるのではないかとの問いを持ち、設立したのが「市民ネットワークセンター名古屋」であった。私たち公民館主事たちはこのセンターを訪れて、関わる人たちの学びに対する熱気に圧倒された。

また一九九六年から私は飯田市職員労働組合自治研推進委員長を務めていたが、ここでの研究テーマもＮＰＯであった。私は伊賀良公民館主事時代の一九九〇年、女性固有の問題について考える「女性学＝ジェンダー」の講座に取り組み、その後第一次女性プラン策定委員会女性労働部門の事務局、女性起業家講座の主催など、女性労働の問題に力を入れていたが、結婚・出産を機会にキャリアを活かした仕事から遠ざかるＭ字型雇用という女性特有のキャリアの問題を解決する仕事・役割の一つとしてＮＰＯに着目していた。

自治研の仲間たちとは全国各地で行われるＮＰＯの集会に参加したり、「せんだい・みやぎＮＰＯセンター」の代表を務めていた加藤哲夫を自治研講師として招くなどの取り組みをしていた。全国集会に参加すると、最初のころは、新たな女性自身の活躍の場としてＮＰＯの世界に思いを持つ女性たちの活気に圧倒されていたが、法制化して何年か経つ頃、集会への参加層が大幅に入れ替わっていることに気が付いた。

それは夢を形にしようと願う女性たちから、スーツ・ネクタイ姿で参加する自治体職員たちへの交代である。当時少子高齢・人口減少社会は進みつつあり、そのことによって自治体財政もひっ迫し、職員の定数削減などの行政改革が始まっていた。そのことによってこれまでの行政サービスが維持できなくなった代わりに、ＮＰＯに象徴される新しい公共に期待を寄せられるようになってきた。

けれども私は、行政の思惑で新しい公共にその役割を渡していく、というロジックに違和感を持っている。そうではなく、住民自治が先にあり、住民自治の伸長の先に、住民自治と自治体との協働がある。あるいは自治によって公共が変わっていく、そういうプロセスであることが必要と考えている。

ここで紹介した千代しゃくなげの会の取り組みは、最初は千栄保育園の園児が減少したことを受けて保育園の統廃合か民営化を選択したい、という飯田市側の説明に端を発したが、千代地区の住民は飯田市の提案を受け入れるかどうか判断するのではなく、それであれば自分たちで保育園を作ってしまおうという選択をした。つまり保育園の存続を自分たちの問題としてとらえ、良質な子育て環境を維持し、かつ、老いても地域で暮らし続けることができる仕組みにつなげるために社会福祉法人千代しゃくなげの会を設立することとした。ここには地域課題を真剣に受け止め考えあう住民の姿がある。そして飯田市の担当者はこの提案を真摯に受け止め、千代地区の取り組みが実を上げるために寄り添い、支えた。

そしてこの取り組みの背景には、主体的で協働的な学び、すなわち社会教育で育った住民と、住民とともに学ぶことで協働力を培った職員の存在があった。

私は千代の事例を、本当の意味での自治と協働の地域づくりが実現した姿ととらえたい。

一九六五年飯田下伊那の公民館主事会が発表した「公民館主事の性格と役割」は、下伊那テーゼと称され、国内の公民館・社会教育関係者に広く知られる歴史的な文書として位置付けられている。これは社会教育労働についての先駆的なレポートでもある。

下伊那テーゼが発表された当時の地域では、封建的な地域や社会の風土を改革していこうとする青年会や婦人会が活発な学習・運動に取り組んでいた。そして公民館は彼らの地域・社会変革運動の学習的側面ともとらえられており、公民館主事たちもかれらとの関わりの中で学び育っていた。

安保闘争が終息した一九七〇年代、高度経済成長による労働力として青年たちが都市に流出し、企業に組織されるなど青年会や婦人会の組織や活動が加速的に衰退した。そしてこのことがそれら団体に依拠していた公民館活動の停滞にも結び付く。

飯田市の場合は、一九七二年に市長に就任した松澤太郎がいち早く「住民自治は日暮れて途遠し」と地域の状況をとらえ、力のある職員を公民館に配置し、職員たちの手で発案されたのが「飯田市民セミナー」である。そして市民セミナーがきっかけとなり、自治の担い手である住民や、支え手である公民館主事＝職員が育ち、民主的な地域や自治体づくりの核として活躍してきた。

そこから半世紀たった現在、世界的規模での気候変動問題、世界でも突出して進む日本の少子高齢・人口減少など、課題が山積している。この時代における飯田市にとっての大きな課題は、地域づくりや自治体づくりを担ってくれる次世代の育成にある。

これまでの飯田市の蓄積を改めて振り返り、ありたい未来を創るために、社会教育労働の役割を今こそ改めて考えることが必要な時である。

（木　下　巨　一）

注

（1）木下陸奥『竜丘自由教育の神髄』二〇一〇年。
（2）長島伸一『民衆の自己教育としての「自由大学」』梨の木舎、二〇二二年。

（３）木下陸奥『地域と公民館―自治への憧憬―』南信州新聞出版局、二〇一二年。
（４）千代地区まちづくり委員会・飯田市合併五〇周年記念誌刊行委員会編『千代・飯田市合併五〇周年記念誌』千代地区まちづくり委員会、二〇一八年一〇月。
（５）木下巨一「住民主体の公民館活動の根幹」『月刊社会教育』二〇一六年一〇月。
（６）林優一郎氏への聞き取り（二〇二二年一〇月四日実施）。
（７）串原一保氏への聞き取り（二〇二二年一〇月四日実施）。

第2章　自治体職員が地域と向き合うということ
―指定管理をしている地区公民館との関わりから学んだこと―

1　立場の異なる職員と関係を作る

地区公民館の変化を感じる自治体職員

地区公民館に関して、ここ数年で、市役所内から聞かれる声である。「自ら進んで、今後の地域のことを考える話し合いの場を開催するだなんて信じられない。少し前では考えられなかった」「直営の頃は各地区の課題を把握するために地区公民館に出向いていたけれど指定管理でできなくなった。でも、最近はまたそれができるようになってきた」「認知症への理解もあって、自分の部署で進めたい事業の推進を前向きに捉えてもらえる」「地区だけでスタンプラリーの事業をするなんてすごい」。少し前の地区公民館の様子を知る自治体職員は、地区公民館が中心になって、地域がより良くなるような行動を起こしている現状に驚く人が多い。

なぜこのような変化が起きているのだろうか。それは様々な出来事が重なって導かれているのだと思う。

私は自治体職員として、偶然にも、二〇一四年四月から教育委員会生涯学習課の職員として七年間、この指定管理をしている地区公民館に担当として向き合ってきた。そして、二〇二一年四月からは市民経済部まちづくり推進課の職員として、現在も関わりを持っている。このような私の立場で、何を感じてどのように地域と向き合ってきたのか、その関わりを通して現在どのような考えに至っているのか、ということについて述べていきたい。

白石市の公民館の特徴

白石市は宮城県南部にあり、人口は三万二〇〇〇人強、高齢化率は三六・九％（二〇二二年三月末日）。

市内には九つの公民館があり、二〇〇五年三月までは全てが市の直営で運営されていた。二〇〇五年四月からは、中心部にある中央公民館一館を除き、八つの地区公民館に指定管理者制度が導入され、地域委託になった。このことに伴い、八地区には各々に、地区内の全自治会と各種団体（民生児童委員、老人クラブ連合会、交通安全協会、消防団分団、防犯協会、婦人防火クラブ、更生保護女性会など）から構成されている「（通称）まちづくり協議会」が行政主導によりつくられ、そこが地区公民館の受け皿になった。地区公民館職員は各々のまちづくり協議会に雇用されている。地区公民館の職員は、基本的に、地区公民館長一名、事務長一名（常勤職員、他では公民館主事）、臨時職員一名。また、地区公民館長とは別にまちづくり協議会長一名がいる場合がある（ほとんどはまちづくり協議会長兼地区公民館長である）。行政は、このまちづくり協議会に、地域独自の魅力と活力を高めるための支援をする役割を持っている。

二〇一一年を始期とする第五次白石市総合計画はまちづくり協議会が設立された後に策定されたもので、この計画には、住民と自治体職員が話し合って策定した一〇年後の地域の将来像の「まちづくり宣言」が掲載されている。

市では、この「まちづくり宣言」を、まちづくり協議会が地域の核となって、地区内の住民と協力して実現していくものだと位置付けている。そのため、その事業に活用できる財政支援として二〇一三年に「まちづくり交付金制度」を創設した。この交付金は、まちづくり協議会や地区内の五人以上の団体が活用できる。まちづくり協議会は、地区内で申請された事業が「まちづくり宣言」に合致しているかを確認し、地区内の申請金額の合計が地区ごとに定められた上限金額の範囲内に収まるように調整して、取りまとめて市に提出する役割を担っている。

「まちづくり宣言」とそれを実現するための「まちづくり交付金制度」は、第五次白石市総合計画のときからできた仕組みで、特に制度ができた初期は、地区公民館（まちづくり協議会）にも住民にもあまり浸透していなかった。

目には見えない高い壁

私は二〇二一年三月まで教育委員会の生涯学習課（中央公民館職員兼務）に所属していた。私の勤務した生涯学習課は中央公民館内にあり、ここだけが市の直営だ。

私が配属になった当初は、地区公民館を指定管理してから数年が経っていたが、地区公民館との関係性は決して良くなかった。配属になってすぐ、当時の所属長から開口一番に、地区公民館との関係性の改善をお願いされたほどだった。

当時、私は、週一回のペースで地区公民館（つまりは、まちづくり協議会）を巡回していたが、簡単に歩み寄れる感じではないことを、巡回時に迎えられる雰囲気で感じていた。

私は地区公民館に指導・助言をする立場だったが、ほとんどの地区公民館はそれを求めていなかった。自治体職員からの指導・助言は、地区公民館にとってみれば、事業改善へのヒントではなくて、また新たな仕事をやらされる、仕事を増やされる、という認識で捉えられていたのだろうと思う。だから、公民館事業のことでも、まちづくり交付金事業のことでも、「もっとこうすればいいのでは」と助言をすると、ある公民館では、喧嘩腰になられてしまうこともあった。それでも、役職がつく前だったし、女性ということもあってなのか、さすがに私は大喧嘩にまでいたることはなかった。

この時、私は、地区公民館（まちづくり協議会）の職員は自治体職員とは身分は異なるけれど、給与として税金をもらっているという点では、住民に対する責任があるのではないかと思っていた。そのため、なぜもっと住民のことを考えて行動できないのだろう、しないのだろう、とぼんやりだけれど思っていた。

しかし、このような状況は、地区公民館側だけが悪いのではなく、そこに関わる自治体職員の姿勢にも何らかの原因があって、信頼関係を築くことができなくなり、自治体職員からの指導・助言には聞く耳を持ってもらえなくなったのかもしれないとも思っていた。

私が配属になって三年目頃から、高齢による体調不良などを理由に、指定管理者制度の開始の時から地区公民館に関わってくれていた関係者の変更が相次いだ。

2　地区公民館を核にした地域づくりへ発展、学習会で関係性が作り直される

地区公民館職員のための学びの場・気づきの場

自治体職員からの指導や助言の内容としては、例えば、「子どもや若者を対象にした事業がないから実施してほしい」とか、参加者が固定化しているとの話を聞けば「実施内容の見直しや開催方法を変えてみてはどうか」というものだったが、受け入れてもらうことは難しかった。その理由に、地区公民館職員が自分たちの役割への認識が乏しかったということがあった。それというのも、当時は、地区公民館職員を対象にした定期的な市主催の研修会もない状態だった。そこで、新たに予算要求をして、年一回は開催できるようにした。しかし、それだけでは不十分だったため、県や外部団体が開催する研修会であっても、これはぜひ地区公民館の職員に理解を深めてもらいたいという内容の時には、市の研修会に位置付けて、みんなで参加できる条件を作り、研修会への参加を促した。

また、定期的に開催していた会議では、各地区の取り組みが共有できるように、情報交換や意見交換ができるようにした。さらに、地区公民館の事務長（公民館主事）を対象にした事務長会議も開催し、各地区公民館を会場にして、会場になった地区公民館の取り組みに学んだり、こちらで用意した文書をみんなで輪読して、社会教育への理解を深める時間を作ってきた。

私がこのような場を作ってきたのも、それぞれの地区公民館の職員こそが、地域の状況を、自治体職員よりも深く理解している立場だと思ったからだ。だから、自治体職員からの立場で「あれをしてください」「これをしてく

ださい」と助言をするのではなくて、地区公民館の職員が、地域や住民にとって必要なことを、自分たちで考えて、決めて、取り組めるようになることを支援したいと思った。そのため、どのような内容であれば地区公民館職員にとって少しでもより良い場になるのかを私自身も様々なところで学びながら、試行錯誤を続けてきた。

危機意識から地域が動き出す

地区公民館などから、「地域の行事をたくさんやっているのに地域が全然元気にならない」「同じ人が何役も役割を担っていて大変。後継者も見つからない」など、同じような悩みを打ち明けられることが多くなった。悩んでいる皆さんにとって何かヒントになればと願って開催したのが、生涯学習課と社会福祉協議会が共催した地域づくり学習会「白石笑顔未来塾」だった。

斎川地区では、この時、地区内の小・中学校が相次いで閉校することが決定していて、地域存続への危機意識が非常に高まっていた。これ以上に地域が衰退しないために、今後の取り組みを如何にすべきかと悩んでいた時期とも重なったこともあって、この学習会には公民館職員をはじめ、多くの地区住民が参加した。そして、その後斎川公民館の館長などから、今後の取り組みのヒントが得られたため「同様の学習会を斎川地区で開催したいから、開催への支援と資金の支援をしてほしい」、と要望を受けた。

私にとっては、このような展開になるなど全く予想していなかったので、非常に嬉しい申し出だった。しかし、この取り組みは、イベントなどとは違い、取り組みが継続するものであるし、新規の取り組みであるから、地区住民からも理解を得なければならず相当なご苦労をされることはすぐに察しがついた。そのため、数日後に斎川公民館を訪問し、再度ご意志を確認したところ、「ぜひやりたい」という熱い気持ちをうかがった。

これまでの地区公民館との関係で、地域がこのような熱い気持ちを持ち、自らことを起こすようになることこそ難しいと痛感していたので、これは何としてでも開催への支援をしなければならないと、当時の所属職員が一丸となった。しかし、市で開催した学習会でさえも市の予算を獲得するのが難しい状況だった。そこで、確実に開催するために、外部資金の獲得を目指した。見つけるまでに苦戦したものの、宮城県の事業を活用できることになった。また、講師についても、「白石笑顔未来塾」の講師と手法は同じで、現場を持って実践している方がいいとの希望があったため、ツテを頼りに紹介してもらい調整した。要望があって三カ月ほどで、地域の要望に応え、学習会の開催を支援することができた。

この後、この取り組みを知った小原地区が、市内で一番人口が少なく高齢化率の高い自分たちの地区こそが取り組むべきことだということで、斎川地区同様に市に要望があり、それにも応えることができた。こうして、斎川地区の翌年度に、小原公民館でも同様の取り組みが始まった。

両地区公民館では、今後の地域づくりへの取り組みを考えるために、中学生以上の全住民アンケート調査を実施し（回収率は斎川八五・五％、小原九七・三％）、そこから見えてきた課題を、地域内で、話し合いや学びを通して、現在も解決に向けて継続して動き続けている。

また、他の地区でも、地区公民館が核となり、地域のことを考える学習会が少しずつ開催されている。

学習会の開催で聞くことができた若者・中堅世代の声、話し合いの質が変化

学習会の開催は、様々なことに気づく機会になった。

まずは、普段は公民館の会議に集まらない若者・中堅世代の声を聞けたことで、それらの世代の状況や、地域活動に対する考えが分かった。例えば、若者世代では、「広報や回覧板は見ていないから行事があることすら分からなかった」「友達が一緒なら参加する」「具体的に手伝う内容を教えてほしい」などということだった。中堅世代では、「勤務体制が様々で従来通りの行事や会議のあり方では参加できない」「地域の仕事量が多いと感じていて、将来この役割を担えるのかが不安だ」などといったことだった。これらの声は、地域内の行事・会議・組織のあり方や周知方法などを改善するのに大きなヒントとなった。

次に、若者はなかなか地域行事には参加できていなかったけれども、中には地域に対して熱い思いを持っている若者がいるということがわかった。このことは、地区公民館の関係者にとって、未来への希望にも繋がり、その声を大事にして、なんとかこの想いに応えなければならない、叶えていかなければならないと、気持ちを固めることに繋がっていった。

ところで、当市の地区公民館を核にした学習会では、講師兼ファシリテーターとして、外部の方に継続して関わってもらっている。このための予算は、行政側で、活用できる外部の事業を見つけたり、既存の市の制度を活用してもらうなどして、条件を確保してきた。現在、特に関わりが深いのは、特定非営利活動法人「都岐沙羅パートナーズセンター」の斎藤主税と、株式会社「ばとん」の遠藤智栄のお二人だ。

以前に地区公民館で行われていた話し合いは、事務局などが考えた案に対して、YESかNOで答え、意見がある

斎川の若者会議の様子

人だけが発言する、というものがそのほとんどだった。そのため、地域の中で参加者みんなが、対等に自由に自分の意見を言い合えるような話し合いは、地区公民館の関係者も住民のほとんども経験のないことだった。しかし、外部のファシリテーターに継続して関わってもらうことで、少しずつ話し合いの質が向上してきていると感じる。

それを実感した出来事があった。ある時、学習会を継続している地区公民館で、ある案件について、普段の関係性がそれほど深くはない市役所内のある部署の担当者に依頼して、話し合いに参加してもらう機会があった。その職員は、その案件で地域に出向くといつも住民から責められていて、その日も他の地区同様に住民から責められることになるのだろうと覚悟していたようだった。しかし、そのようなことは一切なく、その場は終わった。それを経験した職員はもちろん、そのことを後で聞いた他の自治体職員にとっても、この責められなかったという事実は非常に衝撃的であったようだった。

継続的に外部のファシリテーターに入ってもらうことで、地区公民館の関係者と住民の関係性や、地区公民館職員と自治体職員の関係性をより良く作っていけるような話し合いの文化が少しずつではあるが築き上げられているのではないかと思っている。

3　住民と住民・地域と自治体職員のより良い関係性を構築するために

話し合いを通して地域の連帯を深めることを目指した市の施策

第六次白石市総合計画の策定にあたり、各地区で「まちづくり宣言」も見直されることになった。

策定に向けた地区での話し合いには、地区公民館の関係者、地区公民館で声がけした住民（まちづくり協議会の構成団体の代表の方、ＰＴＡの方など）、自治体職員が参加した。さらに、話し合いのファシリテーターは、先行して学習会を始めている地区に関わっている前述の外部講師に継続してその役割を担ってもらった。

この場に参加した住民からは、「このように地域のことを話せる場が必要」「年代が違っても地域を想う気持ちや不安な気持ちが一緒だということがわかってよかった」「若い人が地域をより良くしたいと思ってくれることで未来に希望が持てる」「楽しかった、定期的に開催してほしい」などの感想が寄せられた。

これらの感想はもちろんだが、元々「まちづくり宣言」が抽象的で何に取り組めばいいかが分からない、との声も寄せられていた。そのため、第六次白石市総合計画の地域づくりの施策として、「まちづくり宣言」に基づく「地区計画」を策定してもらうことになった。しかし、それは、地区公民館の関係者（つまりは、まちづくり協議会事務局）だけで考えてもらうのではなくて、地域の中で話し合いをすることを前提に進めてもらうことにしている。さらに、地域内での話し合いで、まちづくり協議会事務局や参加者ができるだけ嫌な思いをしないように、外部講師を招聘できる条件も整備している。

地区公民館や自治体職員にとって、話し合いの場をつくり、そこに参加することは、住民が何を考えているのか、何に不安や課題を抱えているのか、何に興味があるのかなど、住民生活の実態を直接把握できる機会になる。住民にとっては、人と人との出会いの場になる。こういう経験を経るからこそ、住民が、家族や親戚ではなくて単に同じ地域に暮らすだけの人という関係性であっても、相手のことに関心が持てるようになり、その人の暮らし向きも良くしていこうという気持ちに発展していくのだと思う。取り組みが先行してる地域を見ていると、そのように感じてならない。だからこそ、私たちの今の施策では「話し合う」ということを大切にしている。

発展のためには学び合いが必要

「まちづくり宣言」を実現するための事業に活用できる交付金制度も新しくすることになった。制度見直しの検討には、住民を代表して、地区公民館の関係者（まちづくり協議会事務局）にも関わってもらうことになった。それは、この制度が住民が主体で策定した地域の将来像を実現するためのものであることと、行政には分からない、活用する地域側だからこそ分かることや考えていることも反映したいという理由からだった。

検討会では、制度の内容を考える前に、地区公民館の関係者と自治体の担当職員が共に「これからの地域づくりに必要な視点」について学ぶ機会をつくった。そして、意見交換を行い、制度の内容を検討していった。こうして

小原の地区計画策定会議の様子

できた制度は、地域側からの要望を盛り込んだものとなった。また、交付決定の権限が、行政から地域に移行することになった。

私自身としては、制度はなんとかできたが、この見直しの過程で難しいと思うことがあった。それというのは、地区公民館の関係者から出される意見は、大きく分けると次の二点だった。「住民の取り組みがさらに広まったり、発展することに繋がるための制度にするには」という視点と、「単に使いやすければいい、自分たちに都合が良ければいい」という視点だった。もちろん、私は前者の捉え方で、みなさんに考えてもらいたかったので、二回ほどの学習会も用意して、講義を聞いてもらったり、それをもとに話し合ってもらったりしたのだが、やはりそれだけでは不十分だったのだと思う。このことを乗り越えていくためには、前提として、普段からこういうことを、「考え合っている」「学び合っている」という関係性を作っていく、ということが必要なのだということに気づいた。このような不十分な形で行政が住民から意見をもらうことは、自治体職員が住民への信頼をなくしたり、逆に、住民が自治体職員への信頼をなくすことに繋がるのではないかと思った。自治体職員と住民が日常から「考え合う」「学び合う」という関係性をいかに作っていくか、ということについて他の取り組みに学びながら挑戦していきたい。

また、二〇二二年度から交付金を活用している団体などに参加してもらい「交付金事業報告会」を開始した。これは、「まちづくり宣言」を実現するための事業が発展・継続して実施されることを目指して、お互いの団体の取り組みから学び合ってもらおうというものである。さらに、人と人が出会う機会にもしたかったので対面にこだわって開催した。初の試みは非常に好評だった。今後も、参加者にとって良き「出会いの場」「学び合いの場」になることを意識して、皆でアイディアを出し合い協力しながら継続していきたい。

社会教育で気づき、学び得たことを生かしたい

社会教育の立場から地域づくりに関わって、私は大切なことに気づくことができた。

まずは、住民が「自ら考え、決め、実行する」という住民自治力は、単に地域活性化を進めるためのものではなく、住民の幸せな暮らしを維持するために必要な力であるということだった。これは、長野県阿智村などの地域づくりから社会教育への理解を深める中で学んできたことだ。権力に従順であったことが招いた過去の悲惨な過ちを二度と繰り返さないように、住民自身が力をつける。そのためには、住民自身が自分の日常を他人任せにすることなく、「これでいいのだろうか」「安全安心に暮らすにはどうしたらいいのか」「どうであれば幸せに暮らせるのか」ということなどを、考え、学び、仲間を作って行動するという地道な取り組みを積み重ねることが必要だ。この視点

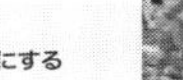

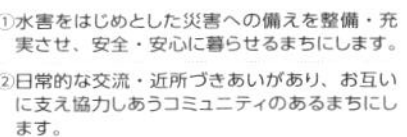

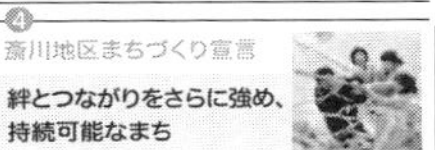

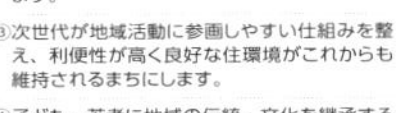

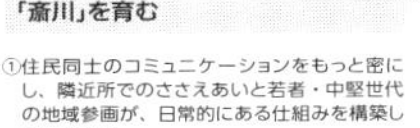

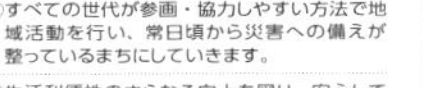

住民主体の地域づくりを目指して、10地区のまちづくり宣言の実現を支援します。

①白石東地区まちづくり宣言

協力しあって住みよいまちにするコミュニティをつくろう！

①水害をはじめとした災害への備えを整備・充実させ、安全・安心に暮らせるまちにします。
②日常的な交流・近所づきあいがあり、お互いに支え協力しあうコミュニティのあるまちにします。
③次世代が地域活動に参画しやすい仕組みを整え、利便性が高く良好な住環境がこれからも維持されるまちにします。
④子ども・若者に地域の伝統・文化を継承する取り組みを積極的に進め、地域行事等に参加しやすいコミュニティをつくっていきます。

②白石西地区まちづくり宣言

災害への備えと安心して暮らせる良好な住環境のあるまち

①すべての世代が参画・協力しやすい方法で地域活動を行い、常日頃から災害への備えが整っているまちにしていきます。
②生活利便性のさらなる向上を図り、安心して暮らしつづけられる良好な住環境をこれからも守っていきます。
③城下町白石としての風情・伝統・文化と、きれいな水・美しい自然を守りながら、活気あふれる魅力的なまちにしていきます。

③越河地区まちづくり宣言

「こすごう」という名の大家族、世代を超えてつながりあうまち、越河！

①世代を超えて対話する機会を積極的に設け、お互いに意見を尊重しながら、地域の担い手を育んでいきます。
②公民館事業の充実や小学校の活動への参加・協力などを通じて、世代を超えて交流しあえる地域にしていきます。
③人と人のつながりを強め、高齢になってもいきいきと安心して生活できる環境を整えていきます。

④斎川地区まちづくり宣言

絆とつながりをさらに強め、持続可能なまち「斎川」を育む

①住民同士のコミュニケーションをもっと密にし、隣近所でのささえあいと若者・中堅世代の地域参画が、日常的にある仕組みを構築していきます。
②空き家や耕作放棄地の増加を抑制し、次世代が住み続けたいと思える環境を維持していきます。
③農作業や趣味・小商い（こあきない）などで毎日が充実し、健康的に暮らし続けられる地域にしていきます。
④地域のさまざまな課題に対し主体的に行動を起こせるよう、斎川公民館を核としたコーディネート機能の拡充を図ります。
⑤「甲冑堂・桜の回廊」等の史跡やころ柿づくりなどの伝統文化を大切にし、次の世代に継承していきます。

白石地区の東西については、自治会を単位として、災害時に避難する指定避難所により分類。（五十音順）
白石東地区の自治会：旭町、上郡山第1、上郡山第2、郡山、寿町、寿山、鷹巣、田中、本郷第1、本郷第2、緑が丘、柳町
白石西地区の自治会：小下倉、清水小路、田町、中益岡、中町、長町、新町、西益岡、東益岡、本郷第3、本郷第4、短ケ町、南町、本町、亘理町

⑤大平地区まちづくり宣言

豊かな暮らしをささえる環境とコミュニティのあるまち大平

①インフラ整備が進んでいっても、豊かな田園風景を守りつづけるコミュニティをつくっていきます。
②すべての世代が、地域活動に積極的に参加できる多彩な場・機会のあるまちにしていきます。
③子どもたちの声・息づかいが至るところで感じられ、若者が定着するまちにしていきます。
④高齢者が健康でいきいきと暮らしつづけられるまちにしていきます。

⑥大鷹沢地区まちづくり宣言

豊かな自然・歴史文化を継承し、共に支え合い、住民が楽しく集える地域をつくります。

①若者が地域で活躍できて、そして、住みたくなるような地域を目指します。
②山林・農地を守り、災害に強く、助け合う地域をつくります。
③地域の歴史と資産を伝え活用し、子どもから高齢者までが一緒に学び合いを進めます。
④あいさつで顔が見える地域コミュニティを育み、住民同士のつながりやきずなを深めます。
⑤大鷹沢の魅力を地区内外に積極的に発信し、地域の活性化に繋げます。

⑦白川地区まちづくり宣言

安心して、笑顔あふれる白川であるために！！

①世代を超えた人の交わりで安心して暮らせる白川をつくります。
②高田川の清流を守り、自然豊かな白川をつくり、若い世代に伝えます。
③地区のイベントを通じて、地域全体で子育てができる白川をつくります。
④人と人とのつながりを深め、助け合う白川をつくります。
⑤尊い生命の産業である米づくりを絶やさない白川をつくります。

⑧福岡地区まちづくり宣言

つながりを大切にした安心・安全な地域づくり

①住民同士の絆を深め、お互いに助け・ささえあいながら、安心・安全に暮らせる地域にします。
②交流を積極的に進めながら、若者・中堅世代が地域活動に参画しやすい環境をつくります。
③自然や歴史などの地域の宝を大切にし、各地区の特色ある活動がこれからも営まれ続ける地域にします。

⑨深谷地区まちづくり宣言

利便性と安全性の高い住みよいふるさと・深谷

①すべての世代にとって生活の利便性と安全性が高い、住みよい地域にしていきます。
②交流から世代間のつながりを生み出し、隣近所での助け合いが日常的にある地域にしていきます。
③これから地域を担う人たちのための仕組みを整え、若者が地域に定着する環境のある地域にしていきます。

⑩小原地区まちづくり宣言

暮らしを支える密なつながりと持続可能な仕組みのある里づくり

①次世代にしっかりとバトンを渡せるよう、持続可能な地域運営のあり方・仕組みを構築していきます。
②隣近所・住民同士のつながりをもっと密にし、お互いの助け合いと交流が日常的にある、健康寿命の長い地域を目指します。
③移動手段や通信環境など、日々の暮らしを支える生活インフラの整備・充実を図っていきます。
④小原小中学校を核に、世代を超えた交流・活躍の場を生みだしながら、郷土愛と地域を担う人材を育んでいきます。

各地区のまちづくり宣言

出典）白石市『第六次白石市総合計画―概要版―』（2021年）より（一部加工）

を大切にして、住民が自らの手で暮らし向きをより良くしたり、暮らしを守り続けていくことを支援していきたい。

次に、地域に出かけていって、直に、住民と接し、地域の状況を肌で感じることが重要だということだ。しかし、自治体職員の一人として、今、非常に感じていることは、効率的に働くことが求められているということと、非常事態の対応に追われることが多くなったということだ。このような状況下では、住民や地域の思いを引き出して、そのことに対応していくというようなことは、相当な時間がかかり非効率的な働き方であると捉えられる恐れがある。また、山積する業務に追われ、住民や地域と深く関わるための時間を捻出すること自体も相当困難になっているように感じる。それでも、机上だけでは知ることができない、住民の生活を守り・向上するために自治体職員として取り組むべきことへのヒントが、外に出かけ直接住民の声を聞くことで沢山見えてくる。さらに、これらのやり取りは住民や地域との信頼関係の構築にも繋がっていくように思う。この気付きをしっかりと生かして職責を全うできる自治体職員の一人でありたい。

私が社会教育への理解を深めつつ、住民や地域と関わる中で気づき、学び得たことは、社会教育の分野だからとか、公民館だからするものだとか、そういうものではないと思う。社会教育の基本や社会教育が目指そうとしていることは、住民一人ひとりがより幸せに豊かに生きていくためには必要で重要なことなのだと思う。だからこそ、今後もさまざまな人々や地域などの取り組みに学びながら理解を深め、今やらなければいけないことで私にできることは何なのか、ということを考え続けながら試行錯誤していきたい。

（佐々木　さつき）

参考

［ある地区のまちづくり協議会の規約より］

（目的）

協議会は、地域住民の輪〝結の心〟（自助・共助・公助）を醸成し、自主的な実践活動の助長、活力と工夫によって地域の特性や文化を築き上げ、地域活動の推進に資することを目的とする。

（活動）

協議会は、目的に基づいて、公民館を拠点とした実践・交流・支援の場づくりのために次の活動を行うものとする。

（１）地域の生活課題をとらえた学びを企画運営、その課題解決への実践をとおして自治能力を高めていく取り組みを支援する場をつくったり、情報を交換するなどの地域づくりに資する。

（２）その他、目的達成のための活動を行う。

第3章　コミュニティ担当者制度による職員の主体形成

1　飯舘村の地域づくり

飯舘(いいたて)村は、一九八〇年代からの地域づくりにおいて、主体に住民と職員を位置づけ、コミュニティ担当者制度（以下、コミ担制度）を創出し、その参加と協働を重視した取り組みを展開してきた。それは、約四〇年前、一九八三年の第三次総合振興計画（三次総一九八五～九四年）策定から始まる。村は過疎・農山村地域の様々な課題にどのように取り組んできたのか、三次総から五次総までの地区別計画を中心とした地域づくりと原発事故からの復興計画、六次総までの住民と職員の協働による地域づくり実践について、コミ担制度を中心に述べてみたい。

飯舘村の概要

飯舘村は、福島県の浜通り地方にあり、阿武隈山地北部に広がる標高が平均四五〇メートルにある農山村である。総面積は二三〇・一三平方キロメートルで、夏は涼しく過ごしやすいが、冬は降雪量は少ないものの寒さは厳しい。

また、夏の期間はヤマセの影響でたびたび冷害に遭ってきた。そのため村では、一九五六年の合併（飯曽村と大舘村）以来、冷害に強い畜産の振興や高地の特性を活かした野菜や花卉栽培をすすめ、震災前は「飯舘牛（高級黒毛和牛）」の産地として有名になっていた。

人口は、一九五六年合併時の一万一四〇三人をピークに年々減少し、震災直前の二〇一一年三月には六五〇九人となっている。

しかし、二〇一一年三月に発生した東日本大震災と東京電力福島第一原発事故により、全村避難を余儀なくされた。それまで進めてきた村づくりは、産業・観光・コミュニティのほかあらゆる分野で甚大な被害を受けたのである。

その後、国は二〇一七年三月までに避難解除の方針を示したが、放射能汚染という特殊性から、帰村したい村民は約三割にとどまった。しかも若年層ほど帰村意向は低く、急激な人口減少と高齢化により過疎に拍車がかかることが懸念された。

二〇一八年三月に一部地域を除いて避難指示解除となったが、長い避難生活を経て、様々な事情で帰村できない村民や他市町村に転出した村民も少なくないことから、二〇二一年一一月の住基人口で五八六五人となっている。このうち村に戻っているのは高齢者を中心に一二三三人であり、帰村率は二五・三％となっている。住民票上の人口も減少傾向が続いている一方で、避難解除後約一五〇人が村外から移住している。

2　総合計画におけるコミ担制度

三次総（一九八五〜九四年）の課題と若手の登用

当時の飯舘村は、過疎・農山村地域に共通する人口減少と高齢化のほかに、中学校の統合問題と新たな産業振興政策の創出という二つの大きな課題があった。また、一九五六年に二つの村が対等合併して誕生した飯舘村は、なかなか旧村意識を解消できず、一つの村としてのまとまりを生み出せないでいた。三次総策定担当となった長正増夫は、この課題に取り組むためには計画作成のやり方そのものを変えなければならないと考え、実質的な計画を作成する三つの専門班（部会）を設置し、そこに三〇代の若手職員を専門委員としてはり付けた。この職員には、所属する課・係を背負って計画をつくるのではなく、自治体職員の専門能力と、職員個人として、また若い村民としての意見を求めるものであった。

計画作成の中心となったのは若手村民で、農協・商工会・森林組合・学校などから「一本釣り」で送り出してもらうとともに、各方面で活躍している「三〇〜四〇代の肩書きのない村民」も専門委員に選任した。若手の登用は、村の現状に危機感を持ち、かつ、新しい村づくりに柔軟な発想ができる世代に期待してのことであった。

地区（コミュニティ）担当制

このような住民と職員との新たな協働方式を考えたのは、長正だが、当時の山田健一村長は、「職員の自己研鑽」

の機能を強調し「地区担当制」の導入を検討するよう指示したという。「職員は役場で机に向かっているだけでは仕事にならない。地域の状況・課題を具体的に学んで日々の仕事に活かすようにしないと」と語っていたという。

しかし、職員からは「今も忙しいのに、余計な仕事ではないか」との反発も大きかったが、長正は、職員研修会を開き先進地の事例を紹介したり、役場の同期生や商工会、農協で志を同じくする仲間の賛同を得ながら地区担当制による計画策定を進めたという。

「飯舘村コミュニティ担当職員（以下、コミ担）制度設置要項」では、村政及び地域振興並びに職員の自己研鑽に資することを目的とし、職務は①村と行政区との連絡調整、②地区別計画推進に対する支援、③地域コミュニティ活動の支援、④村政懇談会及び各種行事への参加・支援となっている。一九八三年度に導入されたコミ担制度が職員の研修的機能を重視するという位置づけは、現在も変わっていない。

旧村意識の払拭

三次総では、村の中央部に公共施設を集中させる「センター地区構想」を作り上げた。具体的には旧村にそれぞれあった中学校を統合、役場庁舎もセンター地区に建て直し、住宅地造成、スポーツ施設の整備、特別養護老人ホームの建設などを進めるものであった。

長正はこの三次総を議会が承認するか、固唾を呑んで見守ったという。議会はこれからの村を担っていく若い人たちが議論して作った計画をむしろ歓迎して採択したという。

長正は後に「役場の中で前例を覆すというのはとても難しい。バックのパワーがないとできない。それは住民。み

ミートバンク第１回宅配出発式

んながやりたいとなれば覆せる。住民パワーも含めて、住民と共に原案を作ることで、役場や地域も変わっていくことができる」と語っている。

こうして、少しずつ旧村意識は払拭されていった。

ミートバンク事業と夢創塾の結成

三次総では、冷害に強い産業振興政策として、肉用牛の畜産と高冷地野菜の振興策を打ち出し、村営牧場に牛舎を建設し、肥育(ひいく)体制を整え一九八四年から事業を開始した。

翌年からの「ミートバンク事業」では、村で肥育した牛を「飯舘牛」としてブランド化するとともに、販路開拓を目的に会員制の牛肉宅配便事業に取り組んだ。この実行委員会でも夜遅くまで議論が交わされたが、そこには村職員が手弁当で参加していた。

これら若手が中心となった取り組みは、「いいたて夢創(むそう)塾」の結成という形で、地域づくりを担う組織を生み出した。夢創塾は、事業ごとに賛同者を募る「この指とまれ」

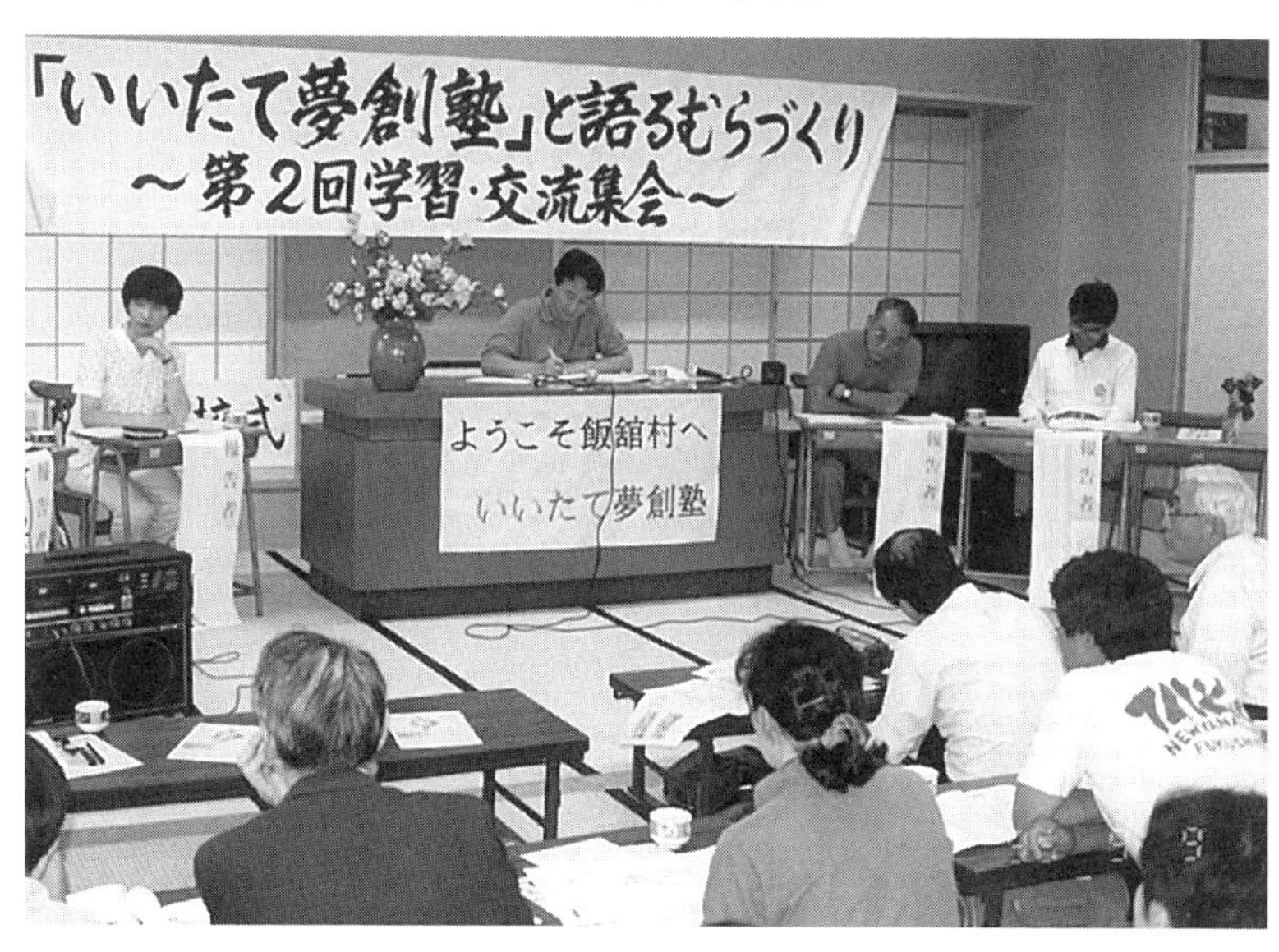

いいたて夢創塾学習会の様子

方式で運営され、学習会や講演会、コンサート、観劇会などに取り組んだ。ここでも、役場職員が事務局を引き受け、役場で得られる情報を共有したことが、メンバーの意識醸成と主体形成につながっていった。夢創塾で村づくりを実践したメンバーは、菅野典雄村長をはじめ、村議会や農協、商工会などで村の将来を背負って立つ人材となっていった。

村民企画会議とやまびこ運動

村は「ふるさと創生一億円」の使い道を三〇～四〇代の村民で構成される「村民企画会議」に諮問した。村民企画会議は三次総の基本構想の一つである「村民参加の村づくりに対応するための体制を整備充実する」ことを具現化したものである。

村民企画会議は、「村民が主役の村づくりを推進すること」と、その推進策を「ひとづくり」「地域づくり」「景観づくり」の三本柱にすることを答申した。「ひとづくり」では「若妻の翼（女性の活躍を目的としたヨーロッパ研修）」

事業の推進や地域文化活動の支援、「地域づくり」では各行政区ごとの活性化を目的とした「地域づくり交付金」の設置、「景観づくり」では景観保全条例の制定を提案した。更に、今後の村おこしの主体は若い村民でなければならないとし、基金を活用する具体的な事業の決定等にもあたるよう提言した。村民企画会議の答申内容は、そのほとんどすべてが一九九〇年度中に実現されている。

また、村民企画会議のメンバー一五人のうち七人が女性であった。代表幹事は村外から農家に嫁いできた若い女性で、第一回「若妻の翼」の最年少メンバーであった。女性の登用は、女性の地位向上を目的に実施した「若妻の翼」の参加者に活躍の場を提供することでもあった。村づくりの検討にごく普通の住民、若者、女性を積極的に登用するという方針は、計画づくりを通して人づくりを進めるために、これ以降村が目的意識的に取るようになった手法である。

「地域づくり」に関する村民企画会議の提案も、「やまびこ運動」という形でただちに具体化された。「やまびこ運動」とは、各行政区独自の地域づくりを支援する目的で、二〇行政区に一〇〇万円ずつ交付し、一年間かけて行政区で使い道を考えてもらうものである。

この一〇〇万円の交付は、その後の行政区のあり方を大きく変えることとなる。これ以前の行政区長は、地域の要望を取りまとめて役場に陳情すれば良かったが、一〇〇万円を自分たちの地域の課題解決に使うとなると、方向が一八〇度変わってしまった。このやまびこ運動が、四次総以降の地区別計画につながっていくこととなる。

地区別計画作成の様子

四次総・五次総での地区別計画策定

一九九二年から二年間かけて策定された第四次総合振興計画（四次総一九九五〜二〇〇四年）では、行政分野ごとの計画である「基本計画」のほかに、各行政区が作成する「地区別計画」が加えられ、住民・職員の参加と協働による計画作成と事業化に取り組んだ。

「基本計画」の専門部会では、村職員・関係団体・住民が、それぞれ三〜四人ずつ選任され、三次総と同じく、農協・商工会・婦人会等の団体選任の委員も役職等の「充て職」ではない三〇〜四〇代が選ばれ、住民代表も「肩書きのない」青壮年が委員となった。職員から選ばれた委員も関連部局からだけでなく、若手職員が「個人として」参加する形が取られた。したがって、専門部会の活動は、視察研修などを除けば、必然的に夜か休日に行われた。三次総との大きな違いは専門委員の半数が女性であったことである。また、二〇行政区ごとに地区別計画作成と事業化に取り組んだことが四次総の大きな特徴で、これも三次総時代の「やまびこ運動」の経験を本格的に展開したものであった。

四次総の地区別計画は、行政区毎にワークショップ方式で「地区白書」をつくり、一〇年間の地区別計画を策定した。ここにもコミ担が参加し、ワークショップの進行や話し合いの取りまとめ、資料の作成などを担っていた。これらの準備や作業は業務時間内に行うことが黙認されており、計画づくりに不慣れな地域の委員を支える役割を果たした。村は職員対象のワークショップ研修等を開き、コミ担の活動を支えた。

地区別計画の事業化

村は、一行政区あたり一〇年間で一、〇〇〇万円（二〇行政区で二億円）を限度に事業費を保証し、財源には「ふるさと創生一億円」を原資にした地域づくり交付金を充てた。また、村からの財政支援は事業費の九割とし、残り一割は地元負担としたが、このことが、地区住民間での十分な話し合いと合意形成を進めることにつながった。しかも、各地区別計画事業化の審査は、二〇行政区の代表者で構成する地区別計画協議会で行うこととした。各行政区は、地区別計画に基づく具体的な実施計画を村に提出するが、村は計画の適否について口出しすることなく協議会に諮問する。協議会は実施計画が単なるハード事業となっていないか、住民主体の地域づくりとなっているか等の基準で審査し、協議会で「問題なし」となれば、役場や議会は、事業計画をそのまま認めることとなった。この「仕組み」は、住民が計画と事業化に責任を持つ主体性の確立につながった。

四次総では、伝統芸能の保存・復活、リサイクル施設の整備、ミニデイサービス施設の整備、公園や登山道の整備など、具体的な成果を生み出した。

さらに、コミ担制度が、この地区別計画作成と事業化を通じて、住民と職員との協働の「仕組み」として重要視されるようになっていった。

第五次総合振興計画（五次総二〇〇五～二〇一四年）では、四次総から行ってきた地域別計画を「ちいきくらしあっぷプラン」とし、これに加え人口予測を基に行政区の再編成などを見すえて複数の行政区が連携して実施する「やるきつながりプラン」の二本柱で進めることとなった。また、以前から村の地域づくりにかかわってきた福島大学などの研究者が、すべての専門部会に委員として加わったことも五次総の特徴であった。

策定された内容も、「ミニデイサービスのサロン化」「誰でも運ぶ村内移動システムの構築」「新鮮で安全・安心な食『までいブランド』の確立」など、三次総・四次総以上にソフト事業中心で、これまでとは比較にならないほど、事業展開に住民の主体的参加を求める内容となっている。なお、事業化への財政支援としては、一行政区あたり一〇年間で五〇〇万円を保証している。地元負担は「ちいきくらしあっぷプラン」が二割、「やるきつながりプラン」は一割とし、複数の行政区での取り組みをより後押しするものとなっている。

3　原発事故からの復興と新しいコミ担制度

原発事故の発生と全村避難

五次総の七年目にあたる二〇一一年三月一一日に発生した東日本大震災では、地震による甚大な被害はなかったものの、原発事故により村内全域が放射能に汚染され全村避難となった。国からは避難先として県外の広大な工業団地などを勧められたが、村長は村から一時間程度で行き来できる場所にこだわった。結果として、今まで三世代・四世代同居が普通であった家族が世代毎ばらばらに避難することとなったが、村民の約九割は村から車で一時間程のところに避難したことが、村と村民の協働の場を支え、後に復興のトップランナーともいわれた村の復興を進めていくことになる。

避難先での新たなコミュニティづくり

避難がほぼ完了した二〇一一年の夏には、村は避難先での新たなコミュニティを作ることを目的に仮設住宅や公的宿舎ごとに自治組織を立ち上げていった。九月には自治組織からの意見を吸い上げ、また行政が持つ情報を伝える場として「飯舘村避難村民自治組織連絡協議会」を立ち上げた。この自治組織には、自治会長や役員のほかに、村との連絡調整や自治組織の運営事務、支援物資の配布や高齢者の安否確認などを支援する管理人を臨時職員としておいた。管理人の多くは、それまでの地域づくりを担ってきた「若妻の翼」の参加者や村内の各団体で活躍する女性たちが多く手を上げてくれた。これら自治組織活動を担った人々は、それまでの地域づくりの経験を活かして、閉じこもりがちな村民同士の交流の場を設けたり、避難者の意見をまとめて村に要望したり、独自の見守り組織を立ち上げるなど避難先の実情に応じた活動を行った。

復興計画の策定

村は二〇一一年六月に役場庁舎を福島市飯野町に移転させると同時に復興計画の策定に着手した。まずは全村避難した事例から学ぶため、三宅村長や山古志村の前村長の講演会を実施した。また、放射能対策などを含めた復興を考える参考に火山性ガスが帰還を阻んだ東京都三宅島の視察を行った。

そこから得られた情報を基に、八月には三〇〜四〇代の若手・中堅職員と四人のアドバイザーからなる「復興プラン庁内検討委員会」を立ちあげ、復興計画の骨子づくりを進めた。この庁内検討委員会は骨子案作成の各段階で、避難者支援など直接住民と接する職員を含めた全職員から意見をもらう内部検討会を十数回実施し、一〇月までに六回開催された。これと並行して、避難の方面別住民懇談会、実態調査、家庭訪問などを実施し、避難者の実態や問題を把握している。

村民代表、議員代表、職員、アドバイザーで構成する「いいたて復興計画村民会議」は、村民会議の課題別検討組織として「健康・リスクコミュニケーション」「教育」「除染」「仕事」の四検討部会を設けた。更に部会委員の一部には村民会議のメンバーにも入ってもらい、部会と村民会議で議論を深める形で復興計画を作成していった。

その結果、村の復興も大切だが、村民一人ひとりの復興こそ大切であるということになり、復興ビジョンは村民の避難生活と生活再建を最優先する「飯舘村は、村民一人ひとりの復興を目指します」と決まった。「いいたてまいな復興計画（第一版）」は、五つの基本方針①いのち（生命）をまもる、②子どもたちの未来をつくる、③人と人がつながる、④原子力災害をのりこえる、⑤までいブランドを再生するを打ち出し、二〇一一年一二月、村長に答申されている。

復興計画第一版作成前後に開催された住民懇談会では、多くの住民から「なぜ、復興計画づくりに自分たちを参加させないのか」との意見がでた。地域づくり計画を作ってきた村民にとっては、「自分たちのことは自分たちで決めたい」との思いが強かったのである。この意見を踏まえ、復興計画第四版では、行政区ワークショップによる帰村後の土地利用計画を中心とした地域計画を作成している。この計画は、行政区に引き継がれ、帰村後の農地活用・保全につながっている。

村の復興計画は刻々と変わる状況や課題に対応しながら、第五版まで作成された。

六次総・地域みがきあげ計画（地区別計画）の策定と新しいコミ担制度

第六次総合振興計画（六次総二〇二一～二五年）は避難指示解除後五年目を経過した二〇二一年度からの五年間を計画期間とした。中期計画とした理由は、復興の先がなかなか見通せないなか、避難解除後の地域づくりを総合振興計画として村民に具体的に示す必要があったためである。

六次総の地区別計画である「地域みがきあげ計画」の作成は、翌年の二〇二一年度から二〇行政区で始まった。ここにもコミ担がかかわるが、約一〇カ月の短期間で「地域みがきあげ計画」を作成しなければならないことと、避難中に採用した職員は任期付き職員を含めると村外出身者が全体の半数を占め、住民との協働の地域づくりの経験がない職員が多かったことなどから、課長職も含めた全職員がコミ担に任命された。

新しいコミ担制度は、三つの役割に分かれている。若手職員は地域との窓口となるプレイヤー兼サポーターとして配置され、行政区（地域）と役場をつなぐ役割を担う。中堅・年配職員・係長職はコーディネーター役。課長職はプレイヤー兼サポーター（若手職員）を支援するアドバイザーとしての役割を担うこととなった。行政区毎に割りあてられた五、六人の職員は、チームとして住民とともに地域の課題解決にあたっている。また、帰村した住民が少ないこともあり、地区の新しい人材の発掘、職員自体が地区の代弁者になれるような役割を期待されている。

若手職員へのコミ担に関するヒアリング

プレイヤー兼サポーターをしている若手職員の感想は、「行政区長や役員の人を知ることによって、地域に頼む仕事もしやすくなった。依頼する内容や伝え方を住民の顔を思い浮かべながら準備できるようになった」「みがきあげ計画を立てる際に、四次総や五次総にも触れたことで震災前の行政区がどのような課題を持ち、どのようなことに取り組んできたのか把握することができた」「普段の仕事では住民と直接かかわらないが、行政区に行くことによって色々な人とつながりができた。村外出身者にとっては住民と関われるきっかけがないので、地域と馴染む機会となっている」などである。

地域に入り住民の生の声を聴いてくることが大切である、といわれるが、一般の事務職員が地域に入って行くことはなかなか難しい。飯舘村のコミ担制度は職員が安心して地域に入っていく「大義名分」となっている。

コミ担の事務担当者へのヒアリング

「飯舘村の職員はコミ担として地域に出る機会があることが仕事の幅を広げてくれているし、外から自分の仕事を見る機会になっている。また、住民の話を聴いたり、引き出したり、まとめたりする力や、分かりやすく説明する力だとか書類を作成する力などを養う機会になっている。また、住民と職員とが共に学び合う場ともなっていると思う」

「住民ニーズは色々だし、住民も色々な人がいる。それが地域だと思う。それに対応していくためには、コミ担も色々な職場・世代・出身（地元、村内、村外）・経験の職員がチームとしてかかわった方が、より良い地域づくりを進めることができるのではないかと考えた。また、多様な構成メンバーでチームを作ったことにより、若手職員は違う課の仕事を知ったり、他課の課長や係長と話す貴重な機会にもなっており、キャリア形成にもつながっているのではないか」

「四つの行政区合同で開催した復興イベントには、担当するコミ担全員が準備から参加し、住民と一緒に汗をかいた。この経験は、職員が住民と楽しさや達成感をともに味わう機会となった。こうした協働の積み重ねが、住民の行政に対する信頼を高めてきたのではないかと感じている」

コミ担のやる気や対応力に差があることは、長年コミ担制度の課題であったが、職員がチームとして対応することで、今まで職員個人の能力に依存していた行政区への対応力も、より高い次元で応えられる仕組みとなった。また、コーディネーターやアドバイザーを配置したことは、行政区との窓口となっている若手職員を安心させ、先輩職員から多くのことを学ぶ機会にもなっている。その結果、職員全体のスキルアップとやる気向上につながっているのではないかと考えている。

4　村にとってのコミ担制度

住民からみたコミ担制度

コミ担制度についてのアンケート結果（佐藤彰彦、二〇〇七年）をみると、「地区との信頼関係の構築」という機能について、コミ担（四〇名）側の肯定的評価が約半数なのに対し、行政区長（二〇名）側では八五％が肯定的な評価を与えている。また、「相談や話し合いができる身近な存在」という、信頼関係と同様な評価項目に対する行政区長側の圧倒的な肯定的評価と合わせると、行政区（住民）との信頼関係構築の面で、コミ担制度はきわめて大事な制度となっている。

村にとってのコミ担制度

飯舘村は、三次総から行ってきた住民との協働の仕組みを、市町村合併や復興計画作成という村の将来を左右する問題でも目的意識的に活用してきた。さらに、職務を離れて職員個人として関わるという、飯舘村独自の職員参加方式を、これもまた目的意識的に活用してきたことで、地域づくりの取り組みだけでなく、職員と住民の主体形成や力量形成という人づくりの面でも、大きな成果を得てきたといえるのではないか。

二〇二〇年に長年村長を務めた菅野典雄から、役場職員だった杉岡誠に村長が代わったが、コミ担制度は維持されるどころかより充実した制度となった。村の管理職のほとんどは、「若い職員は地域に積極的に出て地域にもまれることで育つ」と考えている。また、地域に頼られるようでなければ飯舘村の管理職は務まらないと認識されている。今回の論稿を書くことで、飯舘村にとってのコミ担制度は、地域づくりを進めていくうえでも、職員育成の方策としても欠くことのできないものであることを再認識することができた。そして、東日本大震災と原発事故を超えて、なお、コミ担制度が村の組織文化としてゆるぎない形で、しっかり定着していることは、村の大きな財産となっていると考えている。

（藤井一彦）

参考文献

いいたてwing一九『天翔けた一九妻の田舎もん』一九九〇年。

飯舘村『飯舘村第三次総合振興計画』一九八四年。

飯舘村『飯舘村第四次総合振興計画』一九九四年。

飯舘村『飯舘村第五次総合振興計画』二〇〇四年。

飯舘村『飯舘村第六次総合振興計画』二〇二〇年。

飯舘村『いいたて　までいな復興計画（第一版）』二〇一一年。

飯舘村『いいたて　までいな復興計画（第四版）』二〇一四年。

飯舘村『いいたて　までいな復興計画（第五版）』二〇一五年。

飯舘村『東日本大震災及び東京電力福島第一原子力発電所事故被災の記録〈第一版〉』二〇一三年。

飯舘村『東日本大震災及び東京電力福島第一原子力発電所事故被災の記録〈第二版〉』二〇一五年。

飯舘村『東日本大震災及び東京電力福島第一原子力発電所事故被災の記録〈第三版〉』二〇一八年。

飯舘村『飯舘村過疎地域自立促進計画』二〇二一年三月。

境野健兒・千葉悦子・松野光伸編著『小さな自治体の大きな挑戦―飯舘村における地域づくり―』八朔社、二〇一一年。

佐藤彰彦「地縁型住民自治組織の位置づけと地域担当制度に関する研究」『日本地域政策研究』二〇〇九年三月。

社会教育・生涯学習研究所監修／島田修一・辻浩編『自治体の自立と社会教育―住民と職員の学びが拓くもの―』ミネルヴァ書房、二〇〇八年。

千葉悦子・松野光伸『飯舘村は負けない―土と人の未来のために―』岩波書店、二〇一二年。

復興庁・福島県・飯舘村『飯舘村　住民意向調査報告書』二〇一七年三月。

第4章　阿智村全村博物館構想を実現する自治と協働の協会づくり

1　阿智村全村博物館構想とは

村全体を博物館に

阿智村全村博物館構想（以下、全村博）は、村全体を博物館とみなす取り組みである。地域にある歴史、自然、民俗、風習、生活の知恵など、村にあるすべてのものを博物館にあるような価値あるものと考え、「地域資源」と呼ぶ。特にここに暮らす住民自身が地域資源を知り、保全したり活用したりすることで、この地域に住む理由が一人ひとりに生まれるとの発想に基づいている。

全村博は村民の学習から地域づくり、観光まで、幅広い取り組みである。現在は取り組みを一一の要素に分けている。保全や学習に関わる項目としては、地域資源の①調査・研究・発掘、②保全・保護・活用、③パンフや書籍の作成販売、④学習会・講座・イベント企画、⑤展示企画・発表会がある。地域資源の活用や全村博全体に関わる項目としては⑥全村博拠点施設設置・運営、⑦地域ガイドの養成・運営、⑧地域資源を活かした体験プログラム開発・運用、⑨広報・情報発信、⑩プロジェクト、⑪他団体との連携がある。一つの取り組みが複数の要素を持つことも多く、包括的に取り組む地域づくり運動といえる。

全村博のあゆみ

全村博のスタートはおよそ二〇年前にさかのぼる。二〇〇三年、阿智村・園原地区の史跡調査活動に取り組む「NPO法人東山道（とうさんどう）神坂（みさか）総合研究所」が設立された。この時、国立民族学博物館の石森秀三教授が基調講演を行い、村全体を博物館とする考え方を提起した。この提起を受け、東山道神坂総合研究所、阿智村文化財委員会が中心となり「全村博物館構想策定委員会」で議論を重ね、二〇〇六年に村へ「阿智全村博物館構想の提言」を提出した。

阿智村行政としては二〇〇八年に策定した第五次総合計画において計画の柱として全村博を位置付けた。そして全村博の拠点施設となる東山道・園原ビジターセンターも二〇〇八年に開館した。学芸員が採用され、協働活動推進課において全村博全体のコーディネーターを担うこととなった。

また全村博の全体を審議する「企画委員会」も設置した。

行政が全村博の体制を整えるのと並行し、住民活動も盛り上がっていった。二〇〇九年には「あっちっち熱中人連合」が発足する。これは各地区で歴史や自然などに関心を持つ人の集まりである。阿智村は古くからの街道が交差する場所であり、古い街道沿いに残る石碑の研究や街道を歩くウォーキングが行われた。二〇一一年には日本エコミュージアム協会全国大会が阿智村で開催された。

しかし全村的には全村博の拡がりは弱く、二〇一八年にスタートする第六次総合計画では数ある事業の一つとしての位置づけに変わった。しかし住民の取り組みとしてはその後も変わらず続いていた。

2　全村博の担当者として

テーマを決めた展示から始める

二〇一七年、私は全村博の担当になった。最初の仕事は園原ビジターセンターの展示づくりであった。元協働活動推進課長で、歴史に詳しい林茂伸さんに教えを請いながら、テーマを決め展示作成に取り組んだ。最初は先行研究をまとめることしかできなかった。展示内容は正しいものとして扱われていくため、一般的に言われていることも、根拠があるのか確認する作業が必要でそれなりに大変だった。

二〇一八年には地元の人の協力を得て、智里西地区の古文書を調査、展示した。資料を読み、先行研究と突き合わせることで当時の人間関係などを明らかにできた。それ以来どんな些細なことでも新発見の要素を入れた展示をつくるようになった。ローカルな資料は十分調査されていないものも多く、素人ながらも小さい発見ができる。

「おかいこさま」の飼育

一年目は展示をつくっているうちに終わってしまった。もう一人職員が欲しいと思っていたら、保健師からWさんを紹介された。阿智村に移住してきた人で、昔ながらの生活や里山に関心があった。また大学での専攻が動物学で、身近な自然にも詳しかった。上司に相談し、総務省の集落支援員制度を活用してWさんを採用することになった。

　担当が二人になるとできることは一気に増えた。最初にやったことは毎月「全村博だより」を発行することで、A四両面のたよりを全戸配布することにした。

　次にやったことは「おかいこさま」（蚕の飼育）である。養蚕はかつて阿智村の一大産業であった。六〇代以上の人と話すとおかいこさまの話題はよく出てくる。しかし現在は一軒もやっている家がなく、既に「幻の産業」であった。飼ってみたいとの話になり、五〇匹ほど飼育した。無事、繭となり、そのうちのいくつかは羽化させ、卵を産ませた。卵は冷蔵庫で保管し、翌年孵化させた。どんどん孵化してしまい、想定外の八〇〇匹となった。それだけの数を全部繭まで育てたことで、おかいこさまのある生活を想像できるようになった。

伍和地区の歴史の会

　二〇一八年の四月には「伍和歴史を知る会」が発足した。

　最初に取り組んだのは、伍和公民館の片隅に眠っていた江戸時代〜昭和初期の文書三〇〇点の整理であった。タイトルを読み取って目録をつくるのだが、江戸時代の記録はくずし字であり、読むことすら難しい。古文書の先生にお願いし、教えてもらいながら目録を作成した。整理しているうちにこの文書群はかつて『伍和村誌』をつくろうとした人たちが集めた文書であるとわかった。

　その中でメンバーの関心をひいたのがおよそ一九〇年前に伍和栗矢地区の庄屋が四三日かけて伊勢や京都をまわった道中記である。宿泊先や立ち寄った名所、そこで見た句碑などが記されていた。読んだ後に私たちは、一泊二日で三重県まで行き、道中記に出てくる場所を見たり、資料館で江戸時代のお伊勢参りについて教わったりした。

二〇一九年秋には会の研究成果からビジターセンターの展示を作成した。「道中記」に加え、文書群の中にあった戦時中の村の広報を解読した「戦時中の暮らし」、柿の統計から「干柿づくり」と、三つのテーマを設定した。会のメンバーが三つのグループに分かれ、それぞれ資料を読んだり、専門家の話を聞いたりして展示準備に取り組んだ。展示までの約五カ月間、それぞれ月二回程度打ち合わせを行った。メンバーの関心を展示パネルとして形にしていくことはやりがいがあった。「干柿づくり」では展示するために家の納屋に眠っている道具や、かつて出荷に使っていたパッケージなどをメンバーが持ち寄った。「まさかこれがガラスケースの中に並ぶとは」と言いながらの作業は印象的であった。

聞き書きプロジェクト

全村博に関わって頻繁に聞くことは「高齢者の話をしょっちゅう聞くが、文字に残せていない」という意見だった。それらを冊子や本にまとめることはすぐ思いつくが、今いる人たちがその話を自覚して受け止め、受け継いでいくことが同時にできないかと考えた。そんな時、本屋で大門正克著、『語る歴史、聞く歴史―オーラル・ヒストリーの現場から―』（岩波新書、二〇一七年）を見つけ、読んだ。この著者にぜひにと講師をお願いした。

講座で大門先生に教わるのは聞き方やまとめ方のアウトラインである。講座をふまえ、参加者が聞き手となり、それぞれ話を聞いてみたいと思った人に数回ずつ話を聞く。内容は個人ヒストリーから地域の変化に主眼をおいたものまで様々である。そしてテープをおこし、文章としてまとめる。さらに聞き手の感想も必ず書くことにしている。

書きあがったら、報告会を実施することで、参加者同士が中身を共有する。

話し手の語りは聞き手との関係性や、聞き手の視点によって変わってくる。調査としては客観性を欠く気がするが、それを積極的に受け止めることに聞き書きの特徴がある。ある語り手はまとめられた自分の語りと聞き手の感想を見て「生きた証になるな」と言ってくれた。生き方を他者が受け止めることに聞き書きの意味がある。

四年続け、二五本ほどの聞き書きができた。

阿智高校「地域政策コース」の授業

二〇一八年度から県立阿智高校の地域政策コース観光エリアと連携し、担当教員とともに授業に取り組んできた。地域政策コースは二〇一四年にスタートし、学年約二五人が所属している。「農業・福祉・観光」の三つのエリアに分かれ、一つのテーマを二年間かけて学習する。全村博は地域と学校をつなぐ立場として参加している。

重要視していることは地域を知ること、地域と関わること、生徒同士が話し合い自ら決定することの三点である。一年目は地域を知り、二年目にテーマを決めて深めるという流れである。例えば二〇二〇年春に卒業した学年は二年生の時に智里東地区を歩いた。地域でサル被害に困っていることを知り、また昼神温泉に食べ歩きメニューがあると良いのではと考え、このふたつをテーマとした。最初は役場の林務係に被害の状況を聞いたり、猟友会の人たちに捕獲方法を教わったり、ジビエ加工場の見学などをした。その後二つのグループに分かれ、サル対策とジビエ料理に取り組んだ。

サル対策グループは動物園やサル対策に取り組む地域おこし協力隊にサルの生態を教わり、畑にサルの嫌いな唐

道端の人に話を聞く阿智高校生

辛子ソースが入ったかぼちゃを設置する等の取り組みを行った。ジビエ料理グループは食べ歩きできるジビエ料理の試作を重ね、関係者に試食をしてもらい改善案をもらったりしながらレシピを作成した。

　ビジターセンターの企画展として二〇二二年春に「鳥獣害展」を実施して、阿智高校の取り組みも紹介することができた。

　私たちが週二回、高校の授業に行くことは時間をやりくりするだけでもそれなりに大変である。振り返って言えることは、授業が私たち自身の学びになって、次の取り組みにつながっていったことである。

3　こまんばｍａｃｈｉプロジェクトの発足

初めてのガイド講座

　全村博において地域を案内するガイドは重要な位置を占

める。三年目の二〇一九年秋、ガイド講座を実施し、二〇人ほどが参加した。講座終了後、実際にガイドをしてみないかと参加者に声をかけたところ、林茂伸さんに加え三人が集まった。バスの添乗員経験のあるNさん、ゲストハウス経営者のSさん、そしてイギリス留学から阿智村に帰ってきて、地域文化を活かした取り組みに関心があるというTさんである。最初は駒場地区からガイドをスタートすることにし、コースや説明内容を何度も相談し、説明パネルも準備した。料金体系を決め、申し込み窓口は役場とした。二〇二〇年四月、「あちこち散歩」としてスタートした。残念ながら新型コロナウイルス感染症により観光客が激減したので出だしは悪かった。

古民家保全へ

ガイドがスタートした頃、駒場地区の空き家が壊されるかもしれないとの話がメンバーの耳に入ってきた。駒場地区に明治~昭和初期に建てられた家が並ぶエリアがある。そのうち空き家となっている二軒、「亀屋」「つぼや」が壊されるというのであった。宿場町の雰囲気を残している家であったため、ガイドグループの中で何とか残せないかとの話になった。

つぼやは一九三〇年に完成した建物で、当時は呉服屋さんであった。比較的しっかりした造りである。一部改装されておりキッチンやトイレも使用できる状態であった。一方亀屋は、躯体（くたい）のみが使え、電気を除く設備は使えない。ただこの建物は明治初めに建てられたと推測されており、貴重である。所有者に連絡をとったところ、二軒とも借りられることになった。カフェにしたら？　ゲストハウス？　などといった活用案が出てきた。しかし資金も必要であり、簡単には進まない。

二〇二〇年五月、メンバーが一人加わった。駒場地区にある大正時代の銭湯「玉の湯」を活用したいというFさんである。玉の湯はつぼやから徒歩数分のところに位置している。建物は村に寄付されており、三月に行われる「中馬ぬくもり街道ひな祭り」の期間のみ内部が公開されていた。Fさんは昭和レトロと呼ばれる昭和四〇年代頃に流行った雑貨のコレクターをしていて玉の湯に飾りたいということであった。こうして町並保全や、古い建物を活用した魅力ある街づくりを目的に「こまんばｍａｃｈｉプロジェクト」（以下、ｍａｃｈｉプロ）を結成した。

地域の人とも一緒に考えようと、駒場地区に呼びかけ、二〇二〇年七月「第一回こまんばまちミーティング」を実施した。約二〇人が参加し、「こんな町になったらいいな」をテーマに意見を出し合った。「おしゃれな店がほしい」「高齢者が集まれる場所が必要」など様々な意見が出た。中でも「人が歩く街に」との意見はみんなに共通していた。ここに暮らす人、観光で訪れる人、両者に魅力ある人が歩く街にしたいとのことであった。これらの意見をベースにｍａｃｈｉプロを進めていくこととなった。

秋には亀屋の片付けをすることになった。作業は高校生（阿智高校地域政策コース）とｍａｃｈｉプロで行い、中をほぼ空にすることができた。

二〇二一年三月にはつぼやと亀屋でイベントに取り組むこととなった。駒場地区は三月の一カ月間、「中馬ぬくもり街道ひな祭り」として軒先や店先にひな人形を飾り、訪れた人に見てもらう。この取り組みは、一五年続けてきたが、参加する家が減ってきていた。そこでひな祭り期間中、週末だけつぼやや玉の湯を開館し、立ち寄ってもらえる場所にした。つぼやの二階はギャラリーとして村内で写真や絵を描く人たちが展示をした。パン屋に出店してもらうマルシェや、着物を着つけて街を歩くイベント、抹茶体験を実施。当番にはｍａｃｈｉプロのメンバーがボ

こまんばマルシェ

ランティアで立った。

こうした取り組みを進めるうちに、空き家を使うための賃貸借契約の課題にぶつかった。賃貸借契約は個人でも任意団体でもできるが、継続的に事業をしていくためには法人格を持っていた方が良い。

また二〇二一年四月からガイドのTさんを駒場地区の集落支援員として採用することにした。駒場区自治会とも相談し、空き家の活用をしながら駒場地区の地域づくりを進めることをめざした。

4　阿智村全村博物館協会の発足

法人格をもつ協会へ

二〇二〇年三月、全村博企画委員会の中に小委員会を設置した。目的は全村博の全体像を二〇〇八年以降、整理できていないので体系化し、将来を見通すというものであった。小委員会は企画委員三人で構成することとなった。二回の小委員会を経て、六月の企画委員会において法人格を持つ協会の設立が提起された。委員からは、法人化とはどういうこと？　といった意見が出された。

私はこの時いくつかのことを考えていた。

一つ目は事務局が常駐する住民の活動拠点の必要性である。私たち全村博の担当職員は普段、役場本庁舎隣の建物にいる。打ち合わせスペースもほとんどなく、気楽に話をできる環境ではない。しかし全村博には用事がなくても住民が立ち寄り、住民同士、住民と職員が気軽に話し合う。そういう環境が必要だと私は感じていた。そのためには役場とは異なる場所に職員が常駐する拠点が必要ではないかと思っていた。

二つ目は全村博にどうアクセスするかの課題である。全村博は各地域に住民グループがあり、それらをつなぐことが考え方の基本にあった。しかし人口減少を背景にグループが維持できないケース、女性や若い世代の中には地域組織への所属になじみにくいケースもあった。個人としても活動でき、ゆるくつながれる方法が必要と感じていた。

三つ目は担当者の専門性である。全村博事務局の仕事には学芸員と社会教育主事両方の側面が含まれている。住民の学習を支援するとはいえ、ある程度地域史や自然分野のことがわかっていないと進みにくいし、展示準備にはそれなりの学術的なセオリーがある。担当の役場職員が数年で異動していては専門性が蓄積されず、改善が必要だと考えていた。

これらの課題は協会がなくとも実現できるが、全村博はそもそも住民運動であり、協会をつくり、運営自体も住民が担いながら行政とも連携しながら取り組むことが良いように思えた。ここでぐんと推進するのが正解だと思った。

二〇二一年三月八日、企画委員会は、村へ協会設立を提案した。

二〇二一年四月、全村博の今後を考えるための学習会を二回実施した。各地区で活動するグループの話、全村博が立ち上がった頃の話を聞いた。今後についても検討をし、のちに協会の代表理事となる林茂伸さんが、協会の設立、ガイドと観光についての展望を話した。しかしこれには反発に近い声が出た。地域の地道な研究からすると「観光」との間にはかなり距離があった。学習会が終わった後、先に進めない感じも受けた。

全村博推進条例の設置

企画委員会の小委員会において、次なる話題は全村博推進条例の策定であった。遅くとも二〇二一年一二月議会には提出したい、と条文案をまとめつつあった。一方、まだ村は条例をつくる決心はしていなかった。住民の中にも、このままで良いのでは？　との意見があった。しかし企画委員会では、これを機に行政的な位置づけをするべきだと考えた。

議員立法でとの意見も出る中、企画委員会の議論をふまえ、行政は小委員会の案を原案として行政内部や企画委員会において条例の細部について議論を重ねた。二〇二一年一二月の議会で「全村博物館構想推進条例」が成立した。この時、条例の名前に「構想」を残すかどうかが議論となった。「構想」を外すとの意見もあったが、内容を絶えず考え続けていく未完の取り組みであるとの意味をこめて「構想」を残すこととした。

二〇二二年一月には、二〇二二年度中に協会ができることを前提に、村が全村博に関する事業委託費を予算計上した。ｍａｃｈｉプロのメンバーなどとも相談しながら定款づくりなどを進めていった。

組織づくりについては大きく二つの考え方があった。定款に位置付ける組織は「理事会」のみとして機動力をあげる方法と、「運営委員会」を設置し、各地区の代表や観光関係者等様々な人たちに入ってもらう方法である。

当初は小さな組織でやっていく方向で動きだしたが、話が進むにつれ、そうもいかなくなってきた。村が一定の予算を確保し続けていくことを見据えると、組織の形として全村を網羅する形が良いとのことになり、理事に加え各地区の代表や観光関係者などで構成する約三〇人の運営委員会をおくこととした。

協会の組織や事業方針が具体的になると、協会や観光分野の取り組みへの理解が広がりだした。二〇二二年四月には協会の設立に先立ち、「協働会員」を募集した。協働会員は年会費一〇〇〇円で、協会の活動に意見を述べたり、オリジナルグッズをもらえたりする。七月当初、会員は四〇人を超えた。

七月三日に設立集会を実施した。第一部では法人設立に必要な会議を行った。第二部は活動に取り組む人たちが、自分が全村博に関わってこれから何をやりたいかについて話をした。九月一七日には拠点施設となるつぼやでオープニングセレモニーを開催した。理事となった昭和レトロコレクターのFさん（本業オペラ歌手）が歌い、イギリス帰りのTさんが花を活けるアトラクションを行った。この日以降、金土日月の週四日間、つぼやが全村博の拠点施設として開館している。

今後の地域をどう見通すか

今後は地域文化にふれる観光が主流になるという。阿智村の日常生活にすっと入り込むような観光を、持続可能な形で展開することが必要である。そのためには阿智村を訪れた人と地域をつなぐ場が必要であり、その前提とし

全村博物館協会設立集会

て地域資源の再発見や学習、新しい価値の創出、そして地域に根差した人々の生活が必要である。それらの実現に全村博が役割を担っていきたいと考えている。

そして若い世代の思いが実現できる地域づくりに取り組みたい。協会設立にあたってはあらゆる方面に配慮する必要があった。このやり方がはたしていいのかと考えさせられた。村の基本理念である「村民一人ひとりの人生の質を高められる」村をつくるために、若い世代や女性が地域の中で活動していく基盤をこれからも行政と関係を保ちながらつくっていくとしたら、どのような取り組みが必要なのか、どのようなやり方があるかを考えなければいけない。

（大石　真紀子）

コラム①　自治をつくる住民の学び

地方自治体行政は、住民が選挙で選んだ首長と議会議員によって進められている。住民自治は代表者による代行行政である。住民から委託された行政が真に住民の意思を代行させるための制度として、選挙・代行者の罷免・請願等が法律で住民の権利として保障されている。しかし、行政の実質的な執行は自治体の職員によってなされており、自治体の統治者である住民すべての意思を代行することはできない。充実した住民自治を進めるには「行政の枠」を超えた住民による参画（自治と協働）がなくてはならない。

したがって自ずと、住民が行政の枠を超えて行政を捕捉しあるいは修正させる等の住民運動がなくては住民自治の発展は期待できない。

住民自身が地域を充実した生活のできる場に創っていく主体として自覚し行動していくためには、住民自身が自らの暮らしを見つめ課題を明確化し、周りの住民と課題を解決していく学びがなくてはならない。

日々の暮らしの中で住民が持つ問題や要望を学習に高め、解決の糸口を探し、実践していく住民の営みが住民自治であり、そのことによる住民自身も自己発達、自己実現の喜びを感じられるのである。

政治思想史研究者の石田雄は、日本国憲法において「第八章で『地方自治』が、初めて憲法に規定されたことは画期的なことだ」と述べているが、「日本国民、否すべての地域住民にとっては、新憲法制定という画期的な機会に『自治』の原則を十分に論議することなく終わったことは、これ以後困難な課題を残すこととなった」とし、「（住民自身に）『自己統治』という、元来治者と被治者の同一化を志向する民主主義の別の表現が十分理解されなかった」と指摘しているが、憲法公布から七七年を経過した現在でも、住民自治の意識は十分高められてきているとはいい難い。

国の政策が、財政的にも経済的にも拡張を続け、国民の権利意識の高揚等もあって福祉国家志向や、均一的な開発施策により地方の暮らしが一定保障されてきた中では、統治主体としての自覚を高められなかった。

しかし、今日では経済のグローバル化等国内外の変化は、全国的な均一的発展から選択と集中による格差是認へと転換してきた。その結果、地方自治体の存続や住民福祉の充実が地方行政に課され「団体自治」「住民自治」実現の住民の力がためされることになった。

住民自治を充実していくためには、住民自身が「良い行政を求める」から「良い行政を創っていく」という統治主体者への学びが求められている。

また、住民の意識を高め、主体として自覚できるための支援が公務労働に求められているのである。

住民自治を保障する団体自治が戦後一環して中央政府に従属的であり、住民自治を充実していくためには、国の行政の枠をも超えることが必要になる。

住民自治が、地方自治体の枠から国政の民主主義（self-government）へとつながって発展していくことに期待したい。

（岡庭一雄）

参考文献

石田雄『自治』三省堂、一九九八年。

第Ⅱ部

NPM改革下の自治体と社会教育労働

NPM（New Public Management）とは、自治体に、民間企業における経営理念や経営手法を積極的に導入することで、経済性、効率性、有効性を向上させ、市民が支払う税金に対する満足度の最大化を目指す、という考え方である。その中で社会教育労働には、以前より進められてきた、公務労働内部における「周辺」化、公務労働からの「外部」化を越え、いわば「外注」化にむけた力が強くかけられてきている。

これからの自治体に社会教育労働は、どのような形で残されていくのだろうか。そのことにむけて、現場ではいかなる努力が積み重ねられ、いかなる戦略が試されているのだろうか。

第5章　住民の学びを基盤にした地域・自治体づくりと公務労働

1　岡山市の公民館のこれまでの発展の大まかな経過と到達

岡山市の公民館は中学校区に一館を基本として三七館が設置され、教育委員会の直営で運営されている。各公民館には正規職員の社会教育主事一名と会計年度任用職員の公民館主事一名、再任用職員か会計年度任用職員の館長一名、会計年度任用職員の夜間対応の職員各一名が配置されている。これとは別に、市長部局の市民協働局市民協働企画総務課（まちづくり担当課）所属の会計年度任用職員の地域担当職員が各一名配置されている。この職員は公民館業務を補助執行できることとされていて、公民館の事務補助も行っている。正規職員で、人事異動で公民館勤務になり、社会教育主事資格を持っていない者は、社会教育主事講習に公費で派遣し、資格取得を経て社会教育主事発令が行われている。また、公民館主事についてもほとんどの職員が社会教育主事資格を持っており、これも公費で社会教育主事講習に派遣してきたことで、その水準を保っている。人口七〇万人を超える政令指定都市で、ここまでの公民館の職員体制を維持している自治体は他にないし、政令市の枠を外してみても、これだけの公民館数と職員体制を持っている自治体は稀有だといえる。

職員と市民の運動で実現した公民館の充実

一九八〇年代には、地区公民館の職員はすべて嘱託職員であった。そこから、館長と夜間職員を除く公民館嘱託職員全員が岡山市職員労働組合（以下、組合）に加入し、公民館充実の取り組みが始まり、仕事の改善の努力を積み重ね、市民とともに公民館充実運動を展開し、その長年の運動によって、二〇〇一年から嘱託職員の正規化と、そのことによる全館への社会教育主事配置を実現してきた経過がある。

この職員体制を実現する過程で、特筆すべきは二〇〇〇年に出された「公民館検討委員会」の答申である。この検討委員会は市教育委員会が公民館への正規職員配置を決断した際に、検討委員会を作ってその答申の内容を実現する形で嘱託職員の正規化と各公民館への配置を進めるために、教育長の諮問機関として設置されたものであった。検討委員会の委員には労働組合の委員長や公民館嘱託職員の会（労働組合の職場組織）の会長も含まれ、事務局は生涯学習課に置かれた。その担当はこれを書いている筆者自身であり、筆者が大学時代に社会教育を学んだ恩師も委員として加わってもらっていた。答申は、共生のまちづくりの拠点となる公民館像を描き、それを実現するために各公民館に力量がある専門職員の配置が必要であるとした。これを受けて、答申翌年から正規職員配置が始められたのであった。

正規職員配置後の努力と公民館でのＥＳＤの発展

社会教育主事配置と同時に始めたのが公民館プロジェクトチームだ。答申具体化のための研究と実践の成果を報告書にまとめて、成果を全館に広げようとするもので、こうした努力のもとで各館での実践が広がっていく。二〇

2014年の「ESD推進のための公民館－CLC国際会議」全体会の様子

〇五年から国連ESDの一〇年が始まる。岡山市がESDの取り組みを始め、国連大学からRCE（ESDの地域推進拠点）に指定されたことを契機として、公民館は地域のESD推進拠点としての役割を期待された。ESDプロジェクトチームや、ESD担当課と共同して職員対象のESDコーディネーター研修等の努力を重ね、公民館の事業指針にESDを位置づけて全館でESDに取り組むことになる。そうした公民館をはじめとした地域レベルでのESDの発展が、二〇一四年の「ESD推進のための公民館－CLC国際会議」を含むESDユネスコ世界会議のステークホルダー会議の岡山開催を実現する力になった。

公民館基本方針を策定

その後の努力や全中学校区への公民館整備の完了を契機に、今後の公民館の方針が必要との市議会での指摘を受けて作られたのが、二〇一九年に作られた「岡山市立公民館基本方針（以下、基本方針）」である。基本方針は、組合の公民館職員の会の会長もメンバーとして加わった職員によるプロジェクトチームでの議論をベースに、市民意見の募集や市民シンポの開催等によって、市民意見も練り込んで作り上げられた。組合も市民に呼びかけて集いを開き、そこで出された意見や組合員の意見をまとめて方針への反映の努力を行った。こうして基本方針は、公民館検討委員会答申後の実践の発展、ＥＳＤへの取り組みや二〇一四年の「ＥＳＤ推進のための公民館－ＣＬＣ国際会議」の成果文書「岡山コミットメント」やＳＤＧｓも踏まえた内容になっている。こうした経過から、この基本方針は岡山市の公民館職員と住民のこれまでの公民館充実を願う思いと実践をもとにでき上がったものであり、一つの到達点を示すものと言って良いと考えている。

２　公民館の発展を築いた運動はどのようなものだったか

民主的自治体労働者論に基づく運動の展開

かつて、一九八〇年代前半までの岡山市の公民館の事業は趣味や教養中心だった。前述したように公民館嘱託職員が組合に加入し、正規化を目標として待遇改善の取り組みを始めたことが転換点だった。組合は公民館職員たちに公民館職員としての仕事を高めるための学習と努力を求め、全国から優れた研究者を招いて学習会を開いていく。この組合の方針のベースには「地域住民の繁栄なくして、自治体労働者の幸福はない」という考えに立つ民主的自治体労働者論があり、それは「社会的共同業務」を担う公務労働者の中でも自治体に働く公務労働者に特に求められる考え方でもあった。

組合は地方自治研究活動を運動のベースに据え、市民と組んだ実行委員会で「私たちのまち岡山を考える市民の集い」（以下、市民の集い）を毎年開催し、毎回優れた日本映画を上映したり歌舞伎の公演に取り組んだりと、文化の取り組みにも力を入れている。この二つの要素は、公民館活動に通じるものでもある。

重層的な運動の展開

学習会を通じて公民館職員としての自覚を高め、生活課題や地域課題を取り上げた学習の場を作り出す努力を始めた職員たちは、社会教育研究全国集会に参加し、全国の仲間と学び合い、公民館の事業を変えていく。「公民館で育てられた」という市民、特に女性たちが様々な場で活躍を始め、公民館や職員への評価や期待が行政内部で高まっていった。

これを受けて、組合は「公民館職員が嘱託であることの被害者は市民」というスローガンを掲げた公民館充実運動を提起する。公民館職員たちは公民館事業の充実とこの運動を両輪として活動を発展させていく。自らの実践を書き、実践集にまとめて発信する。公民館を考える集いを開いて、公民館の大切さや職員の実践の在り方を市民と語り合う場を作り出していく。集いから市民運動団体として「岡山市の公民館を考える会」が生まれ、公民館の充実や職員の正規化を求める運動が展開されていく。公民館充実を求める署名活動や街頭宣伝はもちろん、市役所内部での宣伝活動にも公民館職員が立ち訴える。市民の集いで公民館分科会を開いて、岡山市政と市民にとって公民館がいかに重要かを考え合うなど、公民館の大切さや可能性、その充実を求める人やそのつながりを広げて市民世論を作り、市役所の庁内世論づくりにも努力した。

運動の中で発行された公民館白書や実践

また、組合の運動の中心を担った人が、女性運動に積極的に参画し、そこでのつながりも公民館職員全体への評価や期待を高めることにつながってもいた。こうした運動の発展と蓄積の中で、ついに当局は公民館職員の正規化を決断し、公民館検討委員会の答申に結びついたのだった。

なお、正規職員化を目指した公民館充実運動の詳しい経過や意義については、『市民が輝き地域が輝く公民館』（岡山市職員労働組合・公民館職員の会編、エイデル研究所、二〇〇二年）を参照いただきたい。

３　岡山市の基本方針と　その意義と可能性

基本方針は「ともに　わたしたちが　未来をつくる　開かれた　公民館～出会う　つながる学び合う　活躍する～」を掲げ、公民館を拠点とした、出会いからつながり学び合う中で培った力やつながりを活かして、あるべき未来像を描いてその実現に向けて地域で活躍していくことが示されている。特に地域防災や若者の地域での活躍を当面の重点として、そうした取り組みが共生のまちづくりにつながり、その学びと地域での実践の循環を発展させていくことで、公民館がＳＤＧｓの達成に貢献することが描かれている。

これからの公民館の役割、課題及びその達成に向けた取り組みについて、「従来からの公民館の役割の拡大」と「新たな公民館の役割」の二つに分けて整理しているが、「地域で公民館的な出会いの場を多様な団体や組織と協働してつくり、地域の中で社会参加しづらい人たちに寄りそった取組を広げる」ことを提起しており、これは、ＳＤＧｓの「誰ひとり取り残さない」のキーワードを踏まえているもの。「学びを通して一人ひとりのエンパワーメントと変容を実現する」とともに、「学びと実践をつないで地域での課題解決を進めるプロジェクト型の学びの場づくり」を進めるとしているし、「学んで力をつけた人たちが、公民館や地域で」「活躍する」よう「その背中を押すとともに支え」、「生涯活躍できるよう、ネットワークづくりや活動を進めるための協働の取組を進める」としている。

特徴的なこととしては、「未来をつくる」ために「持続可能な未来の姿（地域の未来ビジョン）を住民自らが考え、実現するための取組を支援する」として、住民自らが地域づくりの担い手となる道筋として、バックキャスティングの手法をとることを明確に掲げていることがあげられる。

方針実現の仕組みとしてのプラットフォーム

さらに詳しく見ると、方針推進の仕組みとして、「新たな公民館活動創造のための共同体づくり」として「学習や活動のノウハウの共有や、新たな公民館活動・市民活動の創出を行うために、公民館活動や社会教育を軸に多様な人同士の意見交換ができる場（プラットフォーム）を、公民館振興室と教育、市民協働、ＥＳＤに関係する中間支援組織等が連携して創出する」ことを提示している。このプラットフォームは「先導的な公民館活動のきっかけづくり、公民館間の利用者の情報交換、公民館活動とＮＰＯとの橋渡し、将来に向けた調査研究などに役立つ場」とされている。答申づくりの時期に公民館側から呼びかけて開いた各種ＮＰＯとの懇談会の場が、ＮＰＯにとっても貴重な情報交換とつながりづくりの場になったとの評価を得て、こうした場を仕組みとして持つことの重要性が理解されてのことだった。

公民館長として公民館の現場に勤務する立場から見ると、ここでいわれているプラットフォームの機能は、全市的なものだけでなく各公民館のレベルにも必要ではないかと思われる。地域での学びの場や、様々な地域の問題を解決するための取り組みや具体的な実践は、公民館が関わるものだけでなく、多様に取り組まれている。共生のまちづくりを目指して公民館が果たすべき役割を考えていくと、その地域の様々な活動、実践がつながり合い、情報を交換し、学び合い、協働した次の展開を生み出すような場が、地域でこそ求められている。それをプラットフォームと呼ぶなら、各公民館の地域のレベルでこそプラットフォームが必要といえる。しかし、このプラットフォームの発想にはもっと大きな可能性が含まれていると考えている。

公民館が描くプラットフォームの可能性

この地域レベルでの実践のプラットフォームは、例えば各公民館レベルで行われるまちづくりをテーマとしたフォーラムや地域づくりのワークショップなどの学び合いの場が起点になるかもしれない。その実行委員会が常設化されれば、一つのプラットフォームになりえると考えられる。その場でその地域が抱えている暮らしにかかわる困りごとや、地域の良さが共有される。そこに集う人たちを中心に、その地域の未来ビジョンが全住民の声や力を結集して描かれ、その実現のための課題が整理され、その達成のための取り組み計画も作られる。その実践のための組織を超えた協働も生み出されていく。そんな場となるプラットフォームづくりが求められる。

そのための場が、住民主体のまちづくり集会になり、その運営母体がプラットフォームになりえる。そこで生み出されるものは、自治的なボトムアップのまちづくり計画と実践であり、住民自治の力を築くものになる。地域の力だけでは解決できない問題や自治体との協働が必要な課題では、市への政策提言や要望が出されていくことになる。そうしたものを持ち寄って議論する全市的な場として、公民館大会がまちづくり集会的な性格を持って開かれるなら、その実行委員会が全市的なプラットフォームにつながるのではないだろうか。

各地域と全市のプラットフォームのイメージは、まさに対話と学び合いをベースにした、ボトムアップのまちづくりの仕組みに他ならない。そこでＳＤＧｓの達成を意識した公民館がプラットフォームの支え手として役割を果たすなら、公民館の存在は市の政策や住民自治にとっても欠くことができないものとなる。また、職員は住民の自治力が高まることを支える仕事を担うことになるし、公務労働の中でも住民主体に公共性を作り直していくことを担う、まさに自治体労働者として最も大切な仕事を担うことになるといえよう。

さらにいえば、自治体自体を変革する契機をつくることにつながるし、自治体の社会教育化への展望を開くことにもつながるものと考えている。「自治体戦略二〇四〇構想」が、まさに自治体のプラットフォーム化を掲げているもとで、トップダウンによる地域経営の押し付けのための多様な組織がつながるプラットフォームではなく、地域から住民自治の力による地域をつくっていくためのプラットフォームこそ求められている。そして、それをよりどころとした自治体自体の変革につながるプラットフォームが求められている。その実現は、公民館職員はもちろん、自治体労働者、さらには公務労働者全体でも考えていくべき課題となっていると考える。

4　新たな職員制度の導入と専門職採用問題

しかし、公民館とその職員制度をめぐる現実は、決して楽観できるものではなく、先に描いたプラットフォーム論のような理想を現実のものにしていく上では、逆向きの動きの中にあるといわねばならない。

岡山市では、その要素の第一は社会教育主事の専門職採用が止められていることであり、第二は会計年度任用職員制度の導入である。第一は、二〇〇一年度から順次進められてきた各館への社会教育主事配置が専門職採用によって進められ、それまで嘱託職員として長年勤務していた職員が社会教育主事として任用されていき、公民館の大きな前進を築いていたにもかかわらず、自治体の「行政改革」による合理化政策に伴う人事政策の転換のために、専門職採用が認められなくなったことによる。現在では公民館の正規職員に欠員が生じた時は、市長部局等からの人事異動での正規職員が配置され、配置後に社会教育主事講習を受講させるという形になっている。社会教育主事として長年公民館に勤務してきたベテラン職員を市長部局の関連職場に異動させて、その経験や能力を活かす道があって良いと考えているし、組合としてもそのような要求を出しているが実現していない。

そこで、現在は会計年度任用職員として勤務している公民館主事は、正規職員になる展望を持つことができず、仕事へのモチベーションを維持することに相当の困難が生じているといわざるを得ない。

第二の要素である会計年度任用職員制度の導入は、国家公務員に導入されたこの制度が自治体にも押し付けられたことにより、岡山市もそれまでの嘱託職員制度を廃止して、公民館職員も含めてすべての嘱託職員が一度退職を強要され、会計年度任用職員になるための公募試験を受けて採用されるというプロセスを経て、再度公民館職員として採用配置されたのである。岡山市の場合、前述した組合に結集した運動の成果として、全国的に見ても嘱託職員としてはトップレベルの勤務労働条件を確保していた。もちろん正規職員と比べれば劣悪といわなければならないが、組合と当局の交渉の結果として、本人が希望すれば定年まで働き続けられることにもなっていた。ところが、会計年度任用職員は、制度上会計年度ごとに雇われることになっており、例えば六〇歳まで働き続けられる保障などない。国家公務員の場合、もともと劣悪だった短期の任用の職員について会計年度任用職員制度を導入することによって、一定以上の労働条件を確保するという制度導入の意図があったとしても、岡山市にとってメリットはなく、労働条件の悪化をもたらしたという他ない。現実に会計年度任用職員制度への転換時に、前途が期待されていた何人かの嘱託公民館職員が職場を去っていった。

5　どこに展望を見出すべきか

基本方針の実現に向けた実践を着実に積み上げて、その成果が地域社会にインパクトを与え、公民館自身とその職員と地域の変容を実現できれば、その成果は必ず新たな展望を開くことにつながると考えている。公民館の実践上の課題が明確になっていることは、有利な点であるといえる。実践の成果を測るための、職員による評価ワーキンググループも組織されて、社会的インパクト評価の手法をもとに、基本方針の中間評価を行うための学習と実務的な準備を岡山大学の研究者とも協働して進めている。この評価に職員はもちろん公民館の主人公である住民自身も参画して行うことができれば、それ自体が公民館とその職員の変容を生み出す力になるのではないか。そして、参画した住民自身の変容も実現して、次の展開への力になる可能性を拓くことにもつながるのではないかと期待している。

しかし、このような仕事上の努力だけで今の厳しい状況を切り拓けるのかというと、それは厳しいといわざるを得ない。全国的には公民館の数が減少しつつあり、中でも住民主体の地域づくりや地域運営組織による地域経営の考え方、あるいは小さな拠点づくりのための施設として、公民館を廃止して地域づくりのセンターに変える動きが加速しているもとでもある。基本方針は、公民館の力で住民主体のまちづくりを進めることを描いてはいるが、それで実現できないとしたら、公民館ではだめだから、公民館をやめて他の施設に変えてしまおうという政策転換が図られることも容易に想像できる。その意味では、基本方針は両刃の剣として公民館職員に突き付けられているといわなければならない。

職員集団としての努力と運動

すでに書いたように、岡山市の公民館の到達は公民館職員の集団的な努力があって実現したものであり、しかも仕事上の努力だけでは実現しえないものだった。正規職員と会計年度任用職員という職員制度の違いの下で、だからこそ心を通わせ共に公民館の充実とそのための職員制度改善への運動を担う仲間としての実質を持った職員集団であることが必要だ。新しい社会をつくることができる自己教育主体へと自らを育て上げるような学びと育ちを求めて、現実に直面する困難な問題の解決を目指す取り組みの中で、その問題を自分事として共に悩み、学びづくりに取り組みながら、一人ひとりの発達可能性を信じて適切な援助をする公民館職員の仕事がどう学びを発展させたのかの、学び手からの評価が職員の仕事の質を高める。そのような職員と学び手の住民の関係性を協同的に作り出すことが公民館職員の仕事の本質といえる。そのことを深く理解し、体現することが今も岡山市の公民館職員に必要なことだと考えている。そして、公民館職員には公民館の事業を豊かに発展させる仕事と共に、そのことを可能にする条件を築くことを統一して努力することが不可欠だろう。それは昔も今も変わらない公民館職員の責務といって良いと思う。

今、私たちが目指す公民館と職員としてのすぐれた仕事は、狭い意味での公民館での事業での努力だけでは実現しえず、その大切さを自分事とする人を増やし、そのつながりを不断に広げていく質の「運動」を作り出すことによってこそ実現されていくことを示していると思う。それは岡山市のこれまでの経験が示してきたことであり、今まさに岡山市の公民館職員はもちろん、全国の公民館職員にも求められていることであろう。

（内田光俊）

第6章　専門職の葛藤と新たな一歩

1　これからの公民館に向けた模索の始まり

台風災害時に見た、地域に位置づく公民館と行政機関の姿

千葉県君津市には公民館が八館（ほか分館三館）あり、各館に社会教育主事の専門職枠で採用された専門職が配置されてきた。筆者も専門職として一九九六年に採用された。

私たち専門職は、人々の学びに携わる自分たちが自主的に仕事の課題について学ぶ必要があると「君津市職員組合社会教育部会」を組織している。これまで「専門職採用」を重要テーマとして取り組んできたほか、過去には、君津中央公民館が生涯学習交流センターとして建替わるに際し、住民とともに公民館の位置づけの存続を求めて活動したこともある。

最近では、忙しさに流され、定期開催も難しくなっているが、部会は職場とはまた異なる視野で物事を見つめ、考え、発言できる場だ。これは公民館の役割に近い気がする。

これから述べるのは、今、部会で手がけている私たちの模索と葛藤である。公民館を中心に述べているが、図書

館や博物館に置き換えても、共通する点は多いのではなかろうか。

近年、公民館の意義をあらためて感じる出来事があった。二〇一九年に房総半島を襲った台風一五号だ。君津市では停電と断水が長期間続き、避難所となった公民館で残暑の中、昼夜を分かたず公民館職員と併設の行政センター職員、応援職員の懸命な努力が続いた。

公民館職員は、通信が途絶える中、防災無線や住民からの情報を手書きで掲示し、自治会役員や、地元郵便局員などと協力して避難所に来られない人に救援物資を届けた(1)。

地域住民、団体も駆けつけ、物資配布や給水などを手伝った。この時、共に動いた人たちのほとんどが、日頃から公民館に関わってきた人たちだった。サークルや講座、イベントで公民館に集まる人はもちろん、特別な理由はなくとも公民館に立ち寄ってくれる人も多かった。公民館に直接来なくても公民館だよりや地域の会合で関わりあう人たちなどだ。

行政センターも災害時に必要な行政機能を果たしながら、これらの人たちと一緒に動いてくれた。いくつかの公民館では、避難所閉鎖後に災害時の様子を地域目線で記録し公民館報などで地域住民と共有もしている。公民館も行政センターもその業務全てが地域の暮らしに直結し、双方が地域に欠かせないことが浮き彫りになった。

その一方で、被災した地域でやるべきことが山積する中、少人数の職員が懸命な努力をしても手が回らず、仲間たちは悔しさも感じていた。地域に対してもっと何かできるのでは、向き合い方はこれでよいのかと思った職員は多くいた。災害後、君津市職員組合がまとめた職員アンケートに寄せられた声を紹介する(2)。

「広い市域においては、地域によって自然環境も異なり、被災の種類も程度も異なり、必要とされる支援も異なっていました。（中略）交通弱者がそのまま災害弱者になった様子が見えました。（中略）弱者へ思いが至らないことがあってはいけないと思います。地域の弱者に対しては、地域の日頃の支え合いの様子が、そのまま生きていることも感じました。支える側は、例えば「四軒分の水を運んでいる」という声を聞きましたが、その負担の大きさと、今後の高齢化を考えると、次の大災害には別の体制の準備が必要です。また、先の四軒の話は、日ごろから多かれ少なかれ、四軒分の足となって面倒を見ていらっしゃるという事だと思います。避難所対応は、このように浮き彫りになって見える地域ごとの状況や課題を知る機会ともなりました」

「ニーズと支援のミスマッチ、市役所との情報共有がスムーズにできないこと。方針の決定のプロセスが見えないこと、そしてそれが避難所を訪れる住民の実態とずれていると感じたこと」

この災害で私たちは、地域の人の力と、公民館施設の内外を問わず公民館が地域と深くつながっていることの大切さを改めて感じた。それとともに、地域の細部にある暮らしの実情に、まだまだ公民館、行政の視点が十分には届いていないことを感じた。公民館と行政機関が地域にあることの意味を問い直す出来事であった。

新たな模索の始まり

台風災害を経験した私たちは、専門職採用と公民館の状況改善の必要性を、より強く感じるようになった。同時に、私たちの考えに変化が生じ始めた。

一つは、私たちの取り組み方を変化させる必要性を感じたことである。私たちは、これまで素朴に「公民館に専門職を増やしたい」という思いで、社会教育、公民館の重要性と専門職採用の重要性を訴えた。だが、進展はなかった。この災害で遅まきながら、社会教育、公民館を冷静に理解する職員は行政の中にこそ必要ということに気づいたのである。

自治体内での公民館への理解はまだまだ深くはない。そこを変えなければ専門職は増えない。もちろん公民館への理解を深める正攻法は、地域に役立つ事業実践で認知度をあげることだ。しかし、現状では「良い実践のために職員が必要。職員の充実には公民館への理解を得る事が必要。それには良い事業実践が必要」というループに陥るだけだ。

すでに仲間たちは良い実践への努力はしていた。例えば、近年では清和公民館が「第二回全国公民館報コンクール優良賞」（二〇〇九年）を受賞したほか、文部科学省の「優良公民館表彰」については、清和公民館（二〇〇九年）、小糸公民館（二〇一八年）、周南公民館（二〇二〇年）が受賞している。コロナ禍におけるオンライン事業も一早く展開した。しかし、問題の打開にはつながらなかった。行政の中に社会教育と公民館への理解者を増やさなければ、これらの受賞の意味も伝わらないのかもしれない。

もう一つは、公民館のみでなく、地域の行政機関のあり方とともに公民館を考える必要があると考えるようになったことである。地方創生、地域活性、「自助、共助、公助」のネットワークづくり、学校と地域の連携などが盛んにいわれている。この状況であれば、公民館や地域の行政機関はますます重要な役割を担い、その発展が図られるはずだ。

それなのに、全国で公民館や地域の行政機関の変質が進んでいる。公民館だけを見ても職員体制の弱体化はもちろん、老朽化が発端となり公民館が廃止となる事例もある。君津市では二〇一九年策定の「君津市社会教育施設の再整備基本計画」で公民館八館の地域配置と直営継続の方針が示されているが、安泰ではない。台風災害時に地域、公民館、地域の行政機関との関わりの重要性を思い知った私たちは、公民館だけでなく行政機関もともに発展させる必要があると考え始めた。こうして私たちの模索が始まった。

公民館と専門職のあり方への模索

部会での議論などを経て、私たちの模索は、二つの案へとたどりついた。

一点目は、公民館と行政センターを「掛け合わせる」組織にする案だ。現在、四つの公民館に行政センターが併設されている。公民館とは別組織だ。そこで、双方の職員に教育委員会、市長部局の職を併任させ、公民館業務と地域の行政事務を手掛けさせる案だ。

公民館職員に行政事務の一部を「足し算」させる一本化の例はあるが、この案は別だ。

行政センターについては、一律に職員を配置するのではなく、高齢化が進む地域、農業や観光が盛んな地域など、地域状況に沿った業務の職員を重点的に配置し、それらを主務としながら公民館業務に携わるなかで様々な住民と地域の生の姿に触れる。公民館職員は公民館業務を主務としながら個々人や地域のテーマを行政の制度、具体的な手立てなどに結びつける。公民館と行政双方の専門性を絡ませ、住民、地域、行政のテーマにより具体的に迫る考えである。単なる一本化は職員削減の手段となるが、この案は地域課題に応じた職員数を必要とする。併任は、行政と公民館が地域機関として住民や地域の課題に共に向き合うことを強く意識するためである。

この案で重要なことは、市長部局と教育委員会の二元性を保つ点だ。公民館は住民が自由に学び、住民自身が必要とする力を得るために住民が使う機関である。一方、行政事務は、住民だけでは処理しきれない、ある意味「委ねる」ことが必要となる事柄を取り扱い、時には住民への強い権限も持つ。住民の自治と行政の責務との適切なバランスを崩さないようにする必要がある。また、歴史的、全国的に見ると、行政が住民の学びの障壁となる事例もある。住民の学びの保障のために教育機関と行政との独立の理念を崩さない輪郭を保つことが必要だ。

二点目は、専門職の異動についての案だ。社会教育に活かすことを前提に、専門職を他部署に研修、交流的に異動させることを可とし、希望する者には社会教育の場に戻らないことも可とする考えである。これは、専門職の地域へのセンスや人脈を活かし、自治体の地域観を向上させる役割を果たしながら、公民館や専門職の存在感を浮かび上がらせ、行政の中での理解を浸透させる意味がある。また、行政内部に理解を拡げるためには、まず自分たちから行政の中に飛び込む意志があることを示すものでもある。

あわせて、市街地の四館に配置されている専門職の所属を一館に集約させつつ、地域担当として引き続き各公民館に駐在させる「仮」の専門職複数配置化も考えている。異動と、この「仮」複数配置の考えは、後述する専門職の力量形成に関する修行の意味も大きい。

これらの案を出すことで現在の専門職の存在に視線を向け、採用への契機にしたいというやや邪な思いも持ちつつ、現在、市当局に提案を行っているところである。

ところで、私たちの案は、専門職採用制度を継続する考えに立っている。専門職採用枠以外の職員であっても志

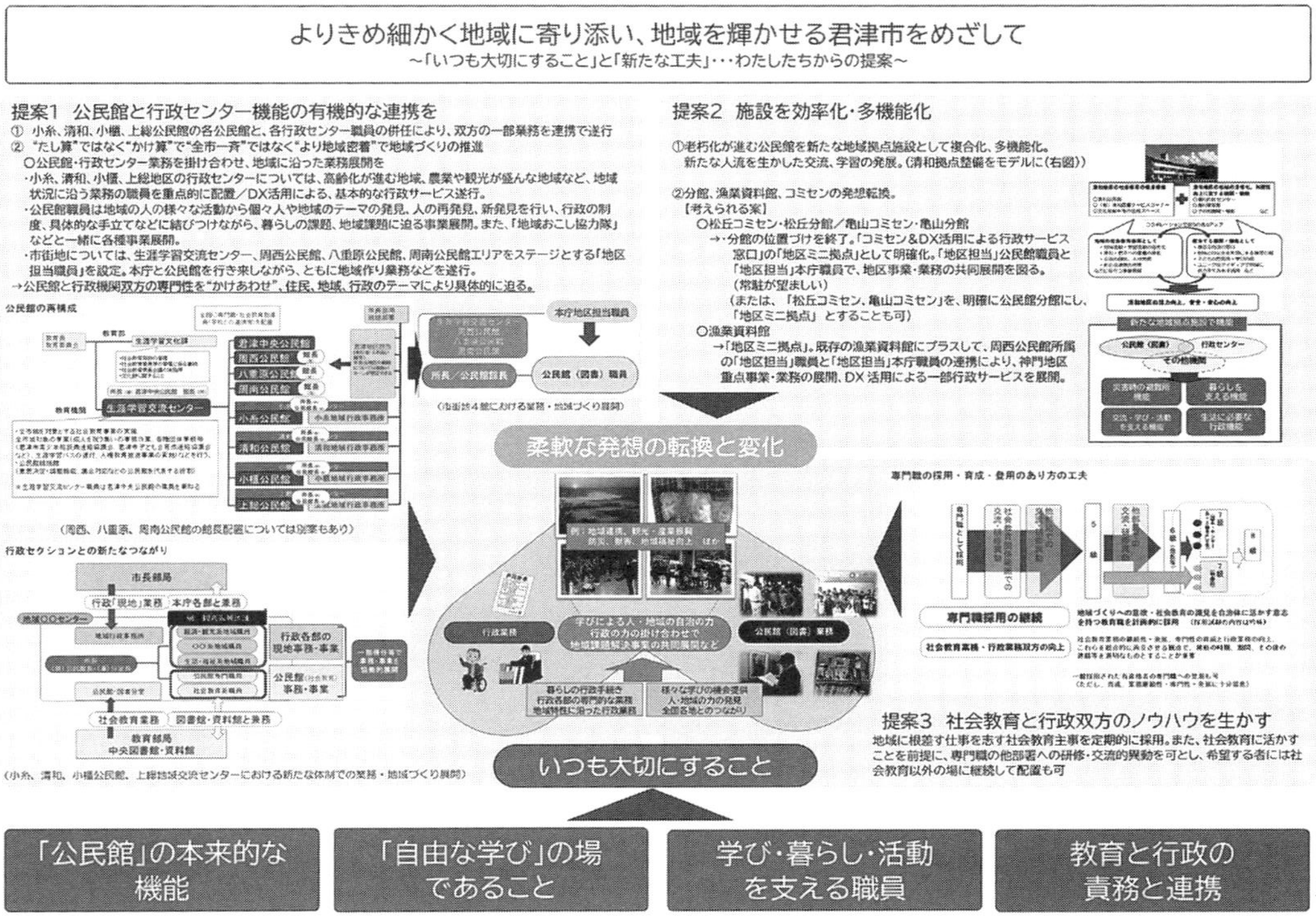

よりきめ細かく地域に寄り添い、地域を輝かせる君津市をめざして

~「いつも大切にすること」と「新たな工夫」・・・わたしたちからの提案~

提案1　公民館と行政センター機能の有機的な連携を

① 小糸、清和、小櫃、上総公民館の各公民館と、各行政センター職員の併任により、双方の一部業務を連携で遂行

② "たし算"ではなく"かけ算"で"全市一斉"ではなく"より地域密着"で地域づくりの推進

○公民館・行政センター業務を掛け合わせ、地域に沿った業務展開を

・小糸、清和、小櫃、上総地区の行政センターについては、高齢化が進む地域、農業や観光が盛んな地域など、地域状況に沿う業務の職員を重点的に配置／DX活用による、基本的な行政サービス遂行。

・公民館職員は地域の人の様々な活動から個々人や地域のテーマの発見、人の再発見、新発見を行い、行政の制度、具体的な手立てなどに結びつけながら、暮らしの課題、地域課題に迫る事業展開。また、「地域おこし協力隊」などと一緒に各種事業展開。

・市街地については、生涯学習交流センター、周西公民館、八重原公民館、周南公民館エリアをステージとする「地区担当職員」を設定。本庁と公民館を行き来しながら、ともに地域作り業務などを遂行。

→公民館と行政機関双方の専門性を"かけあわせ"、住民、地域、行政のテーマにより具体的に迫る。

公民館の再構成

教育部
生涯学習文化課
教育機関
生涯学習交流センター
君津中央公民館
周西公民館
八重原公民館
周南公民館
小糸公民館
小糸地域行政事務所
清和公民館
清和地域行政事務所
小櫃公民館
小櫃地域行政事務所
上総公民館
上総地域行政事務所

本庁地区担当職員
所長／公民館館長
公民館（図書）職員

（周西、八重原、周南公民館の館長配置については別案もあり）

（市街地4館における業務・地域づくり展開）

行政セクションとの新たなつながり

市長部局
行政「現地」業務
本庁各部と業務
地域〇〇センター
地域行政事務所
公民館・図書分室
行政各部の現地事務・事業
公民館（社会教育）事務・事業
社会教育業務
図書館・資料館と業務
教育部局
中央図書館・資料館

（小糸、清和、小櫃公民館、上総地域交流センターにおける新たな体制での業務・地域づくり展開）

提案2　施設を効率化・多機能化

①老朽化が進む公民館を新たな地域拠点施設として複合化、多機能化。
新たな人流を生かした交流、学習の発展。（清和拠点整備をモデルに（右図））

②分館、漁業資料館、コミセンの発想転換。

【考えられる案】

○松丘コミセン・松丘分館／亀山コミセン・亀山分館

→・分館の位置づけを終了。「コミセン＆DX活用による行政サービス窓口」の「地区ミニ拠点」として明確化。「地区担当」公民館職員と「地区担当」本庁職員で、地区事業・業務の共同展開を図る。
（常駐が望ましい）
（または、「松丘コミセン、亀山コミセン」を、明確に公民館分館にし、「地区ミニ拠点」とすることも可）

○漁業資料館

→「地区ミニ拠点」。既存の漁業資料館にプラスして、周西公民館所属の「地区担当」職員と「地区担当」本庁職員の連携により、神門地区重点事業・業務の展開、DX活用による一部行政サービスを展開。

公民館（図書）
行政センター
その他機関

柔軟な発想の転換と変化

行政業務
学びによる人・地域の自治の力
行政の力の掛け合わせで
地域課題解決事業の共同展開など
公民館（図書）業務
暮らしの行政手続き
行政各部の専門的な業務
地域特性に沿った行政業務
様々な学びの機会提供
人・地域の力の発見
全国各地とのつながり

専門職の採用・育成・登用のあり方の工夫

専門職採用の継続

社会教育業務・行政業務双方の向上

提案3　社会教育と行政双方のノウハウを生かす

地域に根差す仕事を志す社会教育主事を定期的に採用。また、社会教育に活かすことを前提に、専門職の他部署への研修・交流的異動を可とし、希望する者には社会教育以外の場に継続して配置も可

いつも大切にすること

「公民館」の本来的な機能

「自由な学び」の場であること

学び・暮らし・活動を支える職員

教育と行政の責務と連携

私たちの提案

をもって社会教育の職に就くことは歓迎する。社会教育士のように様々な場面で社会教育の要素が活かされることにも異論はない。

だが、公的社会教育は、定型的なサービス提供ではなく生活の課題を広範囲に扱い、自治体の業務全般に深く関わる。住民や地域の課題は無数にあり、短時間で解決しないものの方が多い。そのため、公的社会教育には、継続性、安定性、公共性、高い安全性が求められる。向き合うべきテーマは多様にあり、機関に一人、あるいは一時的に有資格者がいれば済むものではない。また、地域で連続性をもって取り組まれる営みとして、職員の専門性は、講座や会議など一場面でのスキルとして活かされるものではない。そして、職員が力量を高め地域に役立つ存在になるためには、覚悟と相応の時間を要する。

専門職採用制度は、地域の暮らしに教育の視点で携わる意志を持つ者を採用する明確な仕組みであり、公的社会教育の運営の最も基礎に位置づくものと私たちは考えている。

2　浮かび上がる課題と葛藤

専門職自身の課題

一方、この模索は私たちの課題に向き合うことでもあった。議論では、自分たちが提案でイメージしている職員になれるかという声や公民館以外の仕事ができるか不安という声もあった。専門職の力量にも自信がないという声も少なくなかった。

自信のなさの背景には、「一人専門職」という構造面の課題がある。多くが入庁後すぐ公民館で一人専門職の立場となる。仕事はよくも悪くも自己流で進めざるを得ない。住民と共に事業を企画することも心掛けているが、それもある意味限られた範囲となりがちだ。

その中で、私たちは「交流」「つながり」という言葉をよく使う。社会教育で最も大切なことだ。しかし、少なくとも筆者は、その交流やつながりの先に何があるかといった具体性は乏しい「ふわふわ感」を伴ってこの言葉を使うことが多かった。もちろん、具体的な目的や輪郭を伴わないところにこそある「交流」「つながり」の大切さも十分承知しているが、筆者は事業の目的などにこの言葉を安易に並べ、それで過ごすことが多かった。

それは、実際生活の局面にある様々な事象についての経験や知識、想像力が乏しいからだ。暮らしに役立つ社会教育とは、課題を抱える人が具体的な知見や活動、仕組みなどにつながり、支えあう交流を得られ、希望する結果に近づける場と考える。そこに必要な知識や情報、人脈、行動などを総合したものが、いわゆる専門職の力量ではなかろうか。

一人専門職場ではその力量の獲得も個々に委ねられる。多忙もあり、系統的、集団的な学習はよほど意識しないと得ることが困難だ。個々の意識も課題だ。筆者も含め資格への考えや取得動機など、先人と大きく異なる学生時代を過ごした世代であり、社会教育、公民館への考えにも幅がある。

専門職を個にさせず、「自治体の専門職」として住民の様々な姿に触れ、自分たちの課題を超えていく必要がある。専門職の異動、配置を考え直したのは、この気づきにもあった。

時代の変遷の中での葛藤

現代的な意味での君津の公民館の基盤整備は一九六〇年代から始まった。臨海部への製鉄所進出と町村合併、人口の爆発的増加による生活の激変の中、公民館への期待は大きく、市制施行二年後の一九七三年には、君津市社会教育委員会議が「君津市における社会教育、文化、社会体育施設の適正なる配置について」を答申。君津市の社会教育のグランドデザインとなった。その後「君津市第二次建設五か年事業計画」で社会教育施設、専門職員の整備強化、公民館新設などが盛り込まれる。

一九七七年の公民館設置条例改正では公民館使用料が原則無料化された。一九八〇年代後半は、新公民館建設を求める地域の活動も活発で、八重原公民館（一九九七年）、周西公民館（二〇〇六年）の開館に結実している。当時の社会情勢の後押しも想像できるが、社会教育、公民館という未開拓分野を具体化させていくことは気運任せではできない。これからを拓く意志を持つ住民と職員がおり、それを受け止める市の姿があった。(3)

戦後の黎明期、高度成長期を経て、私たちは社会教育のいわば「第三世代」の職員にあたる。住民も公民館の歴史で見れば「第三世代」への交代が進み、住民が持つ公民館への思いもこれまでとはだいぶ異なるものとなっている。

地域の衰退、ＤＸの急激な進展など社会の大きなうねりのなかで、これからの公民館をどうするか私たちは試されているが、私たちの案は、これからを「拓く」どころか、時代の混迷にはまり、先人の築いた公民館を大きく後退させるものにもなりかねない。「学びの自由」からすると、教育機関と行政の二元性を揺るがしかねない案には不安も大きい。私たちは、この大きな葛藤も抱えている。

公民館の理念と現実との狭間で

私たちの案は現在当局に提案の最中にある。行政機関の変化も含むため簡単ではなく、実現性も不明だ。私たちの本意とは異なる形で公民館が変化することも考えられる。

仲間同士では異論もあった。もっと公民館の理念に沿う方法で公民館の維持発展を目指すべきとの考えもあった。だが、「果たして〝今の姿〟が本当に守るべき公民館なのか」という点は、議論の中で一致した。専門職の採用も続かず、公民館の諸条件の発展も困難な現状の延長線上に自然に公民館が発展していく姿はイメージできない。

これは全国的に見ても同じではなかろうか。委託や指定管理など大きな問題があるが、直営であるなしを問わず、目の前の公民館が目指すべき公民館としての条件をほとんど持っていない現実がある。そのなかで専門職一般職を問わず、心ある職員の犠牲的な努力で、なんとか公民館のスタンダードを保っている状況にある。

その現実のなかで「公民館を〝守る・発展〟させる」といっても、一般には「現在の公民館を維持する」という意味でしか受け止められることはない。その言葉の真意が伝わるのは、残念ながら「目指すべき公民館」のイメージを共有できる限られた間柄のみだ。私たちの模索の原点はこのことへの気づきにもある。

3　専門職の立場として、自治体の職員として

公民館の「正規」職員、専門職として

公民館の仕事と公務を考える時、二つの出来事を思い出す。

一つは、二〇一二年の長野県松本市公民館職員の視察受け入れである。松本の実践は多数報告されているので述べないが、松本市の各公民館が地域の個性に沿い、町会などの地域システムと保健福祉などの行政とともに松本らしい地域づくりを目指す姿[4]に圧倒された。公民館が人と地域の課題に具体的に向き合うこと、公民館が「地域にある」こと、その館が全体で「松本の公民館」を形成していることの意味を深く考えさせられた。当方も各自の取り組みを報告したが、職員個人の努力や工夫の域を超えないもので、他公民館との系統的な視点などが欠けていることは明らかだった。

二つ目は、筆者が学生の頃、恩師に連れられ東京都福生市の公民館職員を訪ねた時のことだ。福生には米軍基地があり、さまざまな事情を持つ人が暮らしている。中には生きるために必要な片言の日本語すら困難な人もいる。その職員は公民館で日本語教室の事業を行っていた。この時、次の話を伺った。

「今の私たちの生活では想像できないような様々な背景を持ちながら、いろいろな国からこの地に移ってきた人がいる。彼らは公民館でこの地で生きるために必要な言葉を学んでいる。彼らがどのような事情でこの地にいようが、彼らがたとえ『少数派』であろうが、ここで暮らす人には変わりはない。ここで生きるために必要とされている学びがある。ならば、その学びの場を作るのが公民館、そして社会教育の役割だと思う。ほかでは手掛けるのが難しいだろう。だからこそ『公の社会教育』が出番だと思う[5]」

今回の模索でも、これらの出来事を思い出していた。公民館が本当に役立つものになっているかという自問。公民館そのものの将来が危ういことへの懸念。そして、自分たちの案の矛盾。これらを抱え、日ごろ地域に向き合う自治体直営の公民館、正規職員、専門職という立場だからこそできる、しなければならないことと思い、取り組みを続けている。

自治体の当事者として

昨今、公民館がコミュニティセンターなどになる例がある。補助金を得るためやむを得ずということもあろう。その際、「公民館と似ているから問題ない」「公民館で出来なかったことが可能になる」と解釈される例があると聞く。公民館の原理、法制面などを読めばこれらの解釈は出てこないはずだが、公民館が地域の教育機関であることの意味は振り返られず、イメージで解釈される風潮がある。

一方、社会教育や住民に、まちづくりや学校との連携や、地域ネットワークづくりなどの役割が強調されている。これまでも全国の公民館はそれらのテーマを大切にしながらも、住民一人ひとりの学びを大切にするところから地域の力が発展することを願い、様々な実践に力を注いできたはずだ。その使命をもった公民館が発展しないまま置かれるなかで強調されるまちづくりや連携に強い違和感を覚える。

さらに、手の平の上で世界と繋がれる時代に公民館は不要という風潮もある。だが、人の課題はディスプレー越しに解決できるものだけではない。人が生きるために必要なのは、抱えた課題を誰かと共有し、考え、そして直接行動し合えることである。これは災害時だけの話ではない。この一連の関係が持てる範囲で、日々の生活の場に最も近く存在するのが「地域」である。これはその存在を意識する、しないに関わらず事実として存在し、自治体の基礎をなすものだ。その地域で住民が考え、学び、力をつける過程に役立つことが公民館の役割だ。この公民館を自治体はどう考えるのか。

現在の状況を見ていると、各地の自治体で物事の本質を追う力のようなものが弱まっているように思える。自治体がこの状況に陥る背景を丁寧に見る必要があるが、自治体全体の課題が、「氷山の一角」として公民館に表れているのではなかろうか。公民館は自治体の一つの小さな機関にすぎない。だが、そこで向き合う地域の課題は日常のなかに無数にあり、課題は人口減少のなかで一層多様化、複雑化している。地域に向き合う最前線の機関をどう運営しているか、公民館の在り様は自治体の在り様の縮図にも思える。

現実の公民館は本来目指す姿にまだ遠い。それは公民館の自壊ではなく、公民館が公民館として育てられていないためだ。では、誰が育てるか。

「社会教育は地域を耕すこと。耕しておけば、何かの種が蒔かれた時に芽が出る」

以前、誰かから教わった言葉だ。私たちは、耕すどころか矛盾を抱え、見当違いの場所をやみくもに掘っているだけかもしれない。だが、ずっと同じ地に留まり、気付くと周りが藪で埋め尽くされていたとなってはならない。この先何かの種が蒔かれないとも限らない。その時公民館の理念がまっすぐ伸びることを願い、今できることとして少しでも耕せそうなところを探し、周りの草叢を刈る。

公民館を通して、自治体が地域に向き合う姿が見える。小さな機関を本当に地域の人々に役立つものにできるか、自治体の一当事者として、私たちの模索は続く。

（布施利之）

注

（1）會澤直也「台風15号の影響と公民館での避難所対応」『月刊社会教育』二〇一九年一二月。飯泉みゆき・會澤直也・中村亮彦（司会）野元弘幸（記録）金田光正「君津市公民館職員座談会『想定外の災害と向き合って―2019年の台風15号で公民館が果たした役割と課題―』」『月刊社会教育』二〇二一年一月。
（2）君津市職員組合『二〇一九〝もうひとつ〟の災害報告書―その時、君津市役所職員は何を想い、何を考えたか―』二〇二〇年。
（3）布施利之・會澤直也・中村亮彦「君津市における社会教育基盤整備のあゆみと公民館―社会教育専門職員の役割と今後の課題を中心に―」『日本公民館学会年報』第一一号、二〇一四年。
（4）松本市『松本市地域づくり実行計画（平成二四年度～二八年度）』二〇一二年など。
（5）布施利之「加藤さんとの出会い」加藤有孝追悼文集編集委員会『加藤有孝追悼文集』二〇〇六年。

第7章　奈良市生涯学習財団の経営と実践づくり

1　奈良市生涯学習財団とは

奈良市の公民館体制

奈良市は、奈良県の北部に位置する人口約三五万人、世帯数約一六万六〇〇〇世帯、面積二七六・九四平方キロメートルの中核市である（二〇二三年一月一日現在）。二〇〇五年の旧月ヶ瀬村・都祁（つげ）村との合併により人口は三七万人に増えたが、以降、減少を続けている。一方で、世帯数は増加している。

奈良市の教育施設としては、小学校が四二校、中学校が二一校（うち一校には夜間学級も開設）、高等学校が一校設置されており、近年、統廃合や小中一貫校化が少しずつ進んでいる。社会教育施設としては、図書館が三館、公民館・分館が四七館、青少年体験施設が二つ設置されており、図書館は直営だが、その他は指定管理者による運営となっている。公民館は、市内全域を対象とした大型館三館と、ほぼ中学校区に一館設置されている地区公民館二一館を奈良市生涯学習財団が、分館二三館を自治会・自治連合会などが運営している。

一中学校区に一地区公民館という体制は、一九七〇年に策定された「公民館網整備計画」に基づいて積極的に公民館の建設を推進したことによる。当時は「日本一生涯教育の行きとどいたまちづくり」をめざしており、一九九〇年に一中学校区一公民館の配置が完了。合併後も旧月ヶ瀬村・都祁村に一館ずつ公民館が配置された。現在は、中学校が新設された際に公民館が建設されなかった校区や、中学校の統廃合により一中学校区に二公民館となっている校区があり、一中学校区一公民館の配置とはなっていない。

奈良市生涯学習財団の設立

公益財団法人奈良市生涯学習財団（以下、財団）は、奈良市が基本財産の全額を出資して二〇〇一年三月一日に設立した外郭団体である（二〇一一年度までは財団法人格）。設立のねらいは、①行財政改革と、市職員より安い賃金で職員を雇用することによる、コスト削減、②生涯学習の指導や助言ができる専門職員を公募・採用し、全館に配置すること、③二〇～三〇代の職員を採用することによる若い力の活用、④公民館活動にふさわしい特技をもっていることを採用条件にすることにより特技を活用した事業展開を行うことの四点である。つまり、コストの削減と公民館の活性化を同時に実現し、予算削減のなかでも専門性を活かして市民のニーズに応える事業を提供することがめざされた。

なお、専門職員とは「社会教育に関し識見と経験を有し、かつ公民館の事業に関する専門的な知識と技術（社会教育主事等）を有する」とされていたため、入職したすべての職員が社会教育主事の任用資格を持っていたわけではないが、全国の社会教育主事養成課程を置く大学に募集要項を送付したことなどにより、社会教育主事の任用資格を持つ職員が大多数となった。また、「専門」という点では、人事異動の制約がなく専ら公民館の業務に携わることで、以前よりも地域との関わりを深めていくことが可能となり、地域の学びの拠点としての役割を担っていくことが期待されていた。

指定管理者制度の導入

当初、奈良市と財団は随意契約による業務委託の形を取っていたが、二〇〇三年の地方自治法の一部改正で公の施設の管理について指定管理者制度が導入されたことに伴い、奈良市の公民館では二〇〇六年度に指定管理者制度が導入された。初年度である二〇〇六年は非公募で二年、二〇〇八年度以降は指定期間五年で非公募での選定が続き、二〇二二年度で指定期間が終了する。二〇二三年度も財団が非公募で選定されるようだが、指定期間は、これまでで最短の一年とされている。

なお、これまで非公募での選定であるため大きな変化はないが、指定管理者制度の導入前後の変化について、「市」「市民」「職員」の視点で振り返っておきたい。市としては、かつて公民館の活性化をめざして所管課と財団が車の両輪のように協働していた時期に比べて、財団との距離が発注者・受注者の関係となって広がり、例えば財団が不要となった際には簡単に解体できるだろう。また、公募を導入すれば、候補者同士を競争させることができ、より安価で質の良いサービスを得られる可能性がある。

市民にとっても、公募の導入により候補者が競争することになれば市民サービスが向上するというメリットがあるが、それは職員の犠牲のもとに成り立つ可能性が高い。また一方で指定管理者がころころ替わることになれば、学習が継続されないことになりかねない。

職員としては、指定管理者制度の導入に伴い終身雇用が不安定雇用となり、非公募であるとはいえ指定期間が終わりに近づくごとに将来の不安に晒されている。また、次期の指定に向けて常にサービスの向上を求められ、かつ失敗は許されないなど、メリットは一切ない制度といえる。

指定管理者制度は住民サービスの向上と経費の削減を同時に実現する制度であり、奈良市の公民館は指定管理者制度の成功例のように見えるかもしれないが、そうではない。奈良市の公民館が充実した事業を展開できているのは、財団設立の際に志と専門知識を持った職員を採用したからに他ならない。

外郭団体であるということ

指定管理者制度のもとで公民館運営をしてはいるが、財団は民間企業ではなく外郭団体であり、設立当初から現在に至るまで、財団の方針・予算や職員の採用・異動など、すべての最終決定をするのは奈良市である。それは、理事長は市職員のＯＢまたは副市長、副理事長は市の所管部の部長という体制からも見て取れるだろう。

二〇一一年三月には「奈良市外郭団体の統廃合に関する指針」が出され、財団は統合・廃止こそ免れたものの、指針に先立ち二〇一〇年四月に四人、二〇一二年四月に一人、二〇一四年四月に一人、他の外郭団体からの職員の転籍を受け入れた。これは「新規採用の凍結」と「各外郭団体の業務量の変化に対応して、プロパー職員の雇用継続のため、団体相互の転籍を推進する」とした指針[1]に基づき、正規職員の不足している財団に転籍されたものだが、公民館を運営するための専門職を集めてつくった財団に専門外の職員が送り込まれ、そうした職員も抱えながら指定管理者制度のもとで運営せざるを得なくなったといえる。

また、二〇二〇年度には財団の定款を書き換えてまで新たに奈良市の児童館四館の指定管理者となったことに加え、二〇二三年度からは男女共同参画センターの業務を担い、西部会館市民ホールの指定管理者ともなるようである。財団は指定を受けられなければ解散するしかないという弱い立場にあるため、財団の設立目的である公民館の活性化以外の業務を次々に引き受けざるをえない情況である。

2　奈良市生涯学習財団の経営

職員集団をつくりたい

財団ができた当初は、社会教育主事の任用資格を持つ職員が多数採用されながらも主事会などがなく、公民館ごとの予算の差も大きく、各館がバラバラで蛸壺的に事業を行っていた。一時は、それでも仕方がないかと考えたこともあったが、二〇〇七年八月の第四七回社会教育研究全国集会（阪奈和集会）で、共に実行委員を務めた貝塚市の職員集団の姿を見て、これではダメだと気づかされた。市民の学習環境を守り発展させていくためには個々の職員の奮闘では足りず、職員集団としての力が必要であるということ、そのためには、外部で行われている学習会に意欲のある職員だけが参加するのではなく、財団内に研修を位置付けなければならないと実感した。

そこで、二〇〇七年一〇月、職員の自主学習会「楽しく学ぼ♪」を立ち上げた。これは、原則毎月一回、勤務終了後の夜間に、その月の講師役の職員が勤める公民館に集まり、その職員から講座に使える技などを学ぶものだが、回によっては情報交換を行ったり「新年度会」と称した懇親会を行ったりして、研修というより交流会に近い形で職員同士をつなごうと試みた。また、夜間の開催では子育て中の職員などは参加したくてもできないため、「近況帳」を作り、欠席連絡とともに近況をノートに書いたり貼ったりして、公私の置かれた状況を共有することをめざした。

二〇〇九年四月までの短い取り組みではあったが、それぞれの職場を行き来したり、ざっくばらんに話をしたりするなかで、楽しみながら、共に語り合い学びあう土壌が築かれていったのではないだろうか。

奈良市の社会教育行政の一端を担う……一定水準以上での事業展開

財団は「民間」ではあるが、奈良市の社会教育行政の一端を担っている以上、どの地域のどの公民館でも一定水準以上の事業を展開しなければならない。そしてそれは、財団が市内二四の公民館の管理運営について一括で指定を受けている意味でもある。また、この一定水準以上の学習環境の維持を考えるならば、それを実現できる財団こそが、二四館の指定管理者であり続ける必要がある。

そこで、まず二〇一〇年に、岡山市の公民館を参考に「重点分野」を設けた。重点分野は、高齢者・男女・青少年・家庭教育・現代的課題の五つで、すべての公民館がすべての重点分野で一つ以上の事業を開催することを必須としている。現代的課題は、それ以外の重点分野に属さないもののうち、例えば多文化共生・環境教育・平和・防災など、いま社会に存在している課題に対して公民館に何ができるかを考えて取り組むものである。

重点分野を設けることで画一的な事業展開になることがないよう、どんな事業をどんな方法で開催するかなどは自由である。また、地域性や地域の現状・課題に合わせて、二つ以上いくつの事業を開催しても良いとしている。

現代的課題という重点分野は難しいものであるが、二〇二一年度には、虐待の現状を知り地域で子どもを見守る視点を学ぶ「地域で守る子どもの心」や、ひきこもり当事者と家族、支援活動をしている方から基礎的な知識と経験談などを聴く「ひきこもりクライシス～八〇五〇問題を考える～」など、大型館を中心に事業が展開されている。

職員研修にて優れた実践を学び、専門性を高める

前述したように、一定水準以上の学習環境の維持を考えるならば、財団が指定管理者であり続けることが必要不可欠である。そのためには、最大かつ唯一の強みである「専門職集団である」ことを活かすしかない。そして、専門職というのは社会教育主事の任用資格を取ることでなれるのではなく、専門性を常に高めようと努力しなければならない。

しかしながら、財団は職員を採用する時点で「専門的な識見と経験を持つ」ことを条件としていたため、専門性は既に身に付けているという前提で、社会教育や公民館職員についての研修は行われてこなかった。そのため、学習機会を求めた職員は「なら生涯学習研究会」や「社全協関西ネットワーク」などに参加してきたわけだが、それでは一部の職員の個人の学びにとどまってしまい、専門職集団としての力量形成にはならない。また、自主学習会「楽しく学ぼ♪」で職員集団の形成をめざしたが、勤務時間外の夜間では参加できる職員が限られ、内容も「楽しく」を強調したものだったため、専門性を高める取り組みとしては不十分であった。さらに、二〇一〇年度から他の外郭団体からの職員の転籍を受け入れているので、転籍してきた職員に対しても社会教育の研修を行う必要があった。

そこで、重点分野を設けた二〇一〇年度から、正規職員と嘱託職員（館長を含む）を対象とした年に一度の全体研修を見直し、重点分野ごとに少人数のグループに分かれて全国各地の先輩職員から優れた実践を学ぶとともに、互いの実践を検討し合って力量を高める研修へと転換した。併せて、公民館や社会教育をめぐる情勢は刻々と変化しており、大学などで学んだ知識をアップデートする必要があるため、大学教授による講演「今こそ求められる公民館の役割」も行った。この大学教授による公民館の原点や今求められる役割を知る講演は数年に一回行い、「公民館とは何か」の共通認識を持つことをめざしてきた。

先輩職員から実践を学ぶ機会を設けたことには理由がある。財団は設立年とその翌年の二年間でほとんどの職員を採用しており、ベテラン職員が不在だったからである。二〇一〇年には千葉県木更津市・君津市・松戸市から、その後も大阪府貝塚市、岡山市、長野県松本市などから職員を派遣いただいて実践について学び、財団職員も自分の実践を検討の俎上に載せて学び合ってきた。

なお、二〇一〇年度の全体研修を受けて「もっと話したかった」「時間が足りなかった」という声が上がったため、二〇一一年度に「奈良市生涯学習財団職員研修実施要領」を策定し、これまで年に一回だった研修を年間五回に増やすとともに、全体研修を除く四回はブロック別研修を行うことにした。ブロックとは、奈良市内の公民館を東部・西部・中部・南部の四つに分けたもので、そのブロックを単位に、事業について自主研修を行うのがブロック別研修である。

専門職として自らの学びをマネジメントしよう……研修委員会

二〇一〇年度からの五年間は、財団事務局に在籍する筆者が現場の職員の声を聴きながら全体研修を企画していたが、そのやり方に疑問を感じたこと、またブロック別研修の内容がブロックごとに大きく異なり、調整・底上げの必要を感じたことから、新たに「研修委員会」を組織することとした。この研修委員会は、各ブロックからの原則二人の委員と事務局職員で構成し、ブロック別研修のテーマを決めることと、全体研修のテーマ・講師などを検討することが役割となっている。

東北大学の高橋満教授は、二〇一〇年から実施した奈良市の公民館職員へのヒヤリング調査をまとめた著書で、「公民館は市民に学ぶ機会を提供する機関であるが、同時に、職員同士が学びあう組織でもあるべきではないだろうか。〈専門職〉、これをかかげるのであれば、その定例化と制度化は必須の条件である」と指摘している[2]。二〇一一年度の職員研修実施要領の策定と、この研修委員会の設置で、学び合う組織としての研修の定例化と制度化がなされたといえる。

研修委員会が発足した二〇一五年度の全体研修は、「職員としての共通認識がないから異動した先で戸惑う」などという委員の声を受け、「奈良市の公民館はどんなところ」「私たち職員はどんな役割を担うのか」を明文化する研修となった。前述の高橋教授の著書では、「専門性、使命、価値について職員たちの間に共通理解や確信がないということがもっとも問題だと思う」という指摘も受けていたため、それに応える研修ともなった。

「公民館はこんなところです」「私たち職員は…」は、全体研修のグループワークで職員から出てきた言葉をつなぎ合わせ、研修委員会でまとめたものである。そして二〇一七年度の全体研修では、多様性をテーマに「公民館職

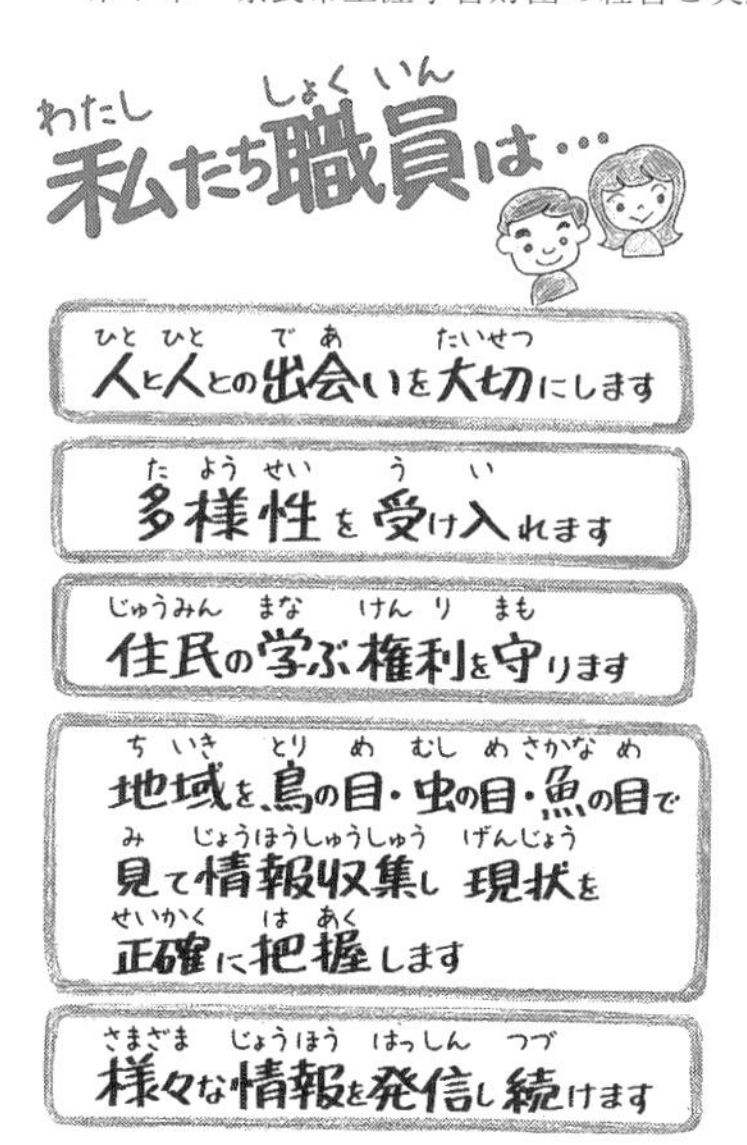

私たち職員は…

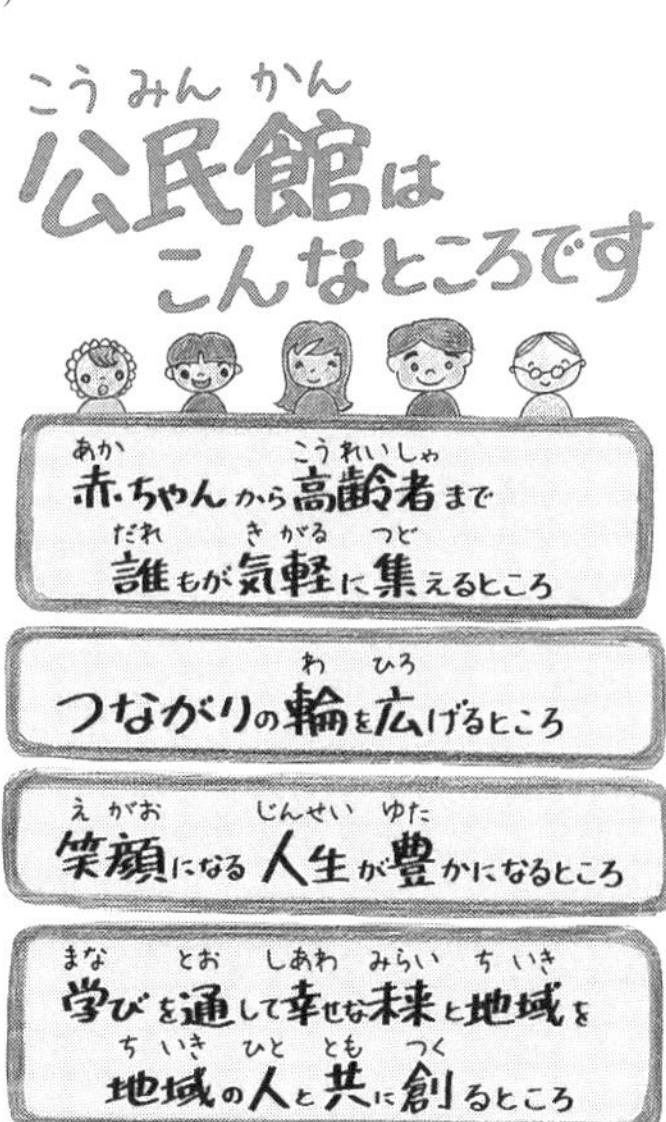

公民館はこんなところです

員が多様性について学ぶ意味」「発達障がいについて」「性的マイノリティ（同性愛・性別違和）について」を学ぶなど、自分たちが掲げた姿に近づけるよう、学びを続けている。

また、二〇一八年度から二〇二二年度までの指定期間五年間においては、五年後の目標と年次計画を公民館ごとに定め、各館が何をめざしてどのように取り組みを進めるのかを可視化し、「異動した先で戸惑う」ことがないようにしてきた。次の指定期間は二〇二三年度の一年とのことだが、各館では二〇二七年度までの五年間の中期計画を立てている。

3　住民とともに

「公民館って、どんなとこ？」「公民館って、こんなとこ！」

専門性や力量を高める研修を続けるなかで、それだけでいいのだろうか？　という疑問がふつふつと湧き上がって

「公民館って、どんなとこ？」の様子

きた。職員だけが知識をつけて「公民館は大事だ」「職員は必要不可欠だ」と思っているだけではだめで、住民にそう思って支えていただかなければ、公民館はなくなってしまうのではないかと。そこで、住民と職員が一緒に公民館について学び考える場として、二〇一七年三月に奈良市版公民館大会「公民館って、どんなとこ？」を開催した。開催に当たっては、全体研修に松本市の職員を招いて学習をしたり、研修委員が貝塚市の公民館に見学に行ったりなどして、開催のイメージをつかんだ。

当日は、二〇二人の住民が参加し、職員も一緒に、まず公民館が設置された歴史や役割などについての講演を聴いて学び、その後は近隣の公民館二館ごとに職員と住民が数人のグループに分かれて「おしゃべり会」を行った。おしゃべり会では、職員が作成した「公民館はこんなところです」「私たち職員は」のお披露目をし、それに対しての意見を求めた。また、「普段、公民館をどんなふうに利用しているか」「こんな公民館になったらいいな」などを語り合った。

参加した住民は、公民館の垣根を越えてそれぞれにとっての公民館について聞き合うことがとても楽しかったようで、またこんな機会を持ってほしいとの声をたくさんいただいた。

その声を受け、「おしゃべり会in公民館」をスタートさせ、二〇一九年には再度、奈良市版公民館大会「大おしゃべり会～公民館って、こんなとこ！～」を開催した。そこでは二年間のおしゃべり会を振り返るとともに、再び講演会で住民と職員が一緒に公民館について学び、「えんたくん」を囲んでの大おしゃべり会を行った。

「おしゃべり会in公民館」……二四の公民館が二四通りの方法で

「おしゃべり会in公民館」は、二〇一七年の公民館大会での住民の声を受け、毎月どこかの公民館で、公民館について語り合う機会を持とうと、二〇一七年七月にスタートさせた。これは、貝塚市で取り組まれている「しゃべり場★公民館」から着想を得た取り組みである。

おしゃべり会の開催趣旨は、①住民と職員が公民館について一緒に語り合う場、公民館のあり方についてともに考える機会を作る、②より多くの住民と公民館や地域について語り合い、理解を深める場とすることである。加えて、職員のファシリテーターとしての経験を増やすこともめざしている。この開催趣旨は全館共通のものだが、どんな方法を取るかは各館に任せ、それぞれ工夫を凝らしたおしゃべり会を開催してきた。

二〇一七～一八年度で二四公民館を一巡し、二〇一九年三月に前述の大おしゃべり会を行って、二〇一九～二〇二〇年度で二巡目をスタートさせたが、新型コロナウイルス感染症の流行を受けて二〇二〇年度末にすべての事業が中止となったため、二〇二一年度まで期間を延長して、なんとか二巡目を終えた。当初は二巡目のおしゃべり会が終了した後に、住民による実行委員会形式で三回目の公民館大会を開催する計画だったが、現在その計画は凍結となっている。

なぜ、おしゃべり会を開催するのか。おしゃべり会は、開催することが目的なのではなく、手段である。目的は、住民と職員が一緒に話し合える場が各公民館に根付き、住民の声を公民館の事業や運営に活かすための仕組みを作ること。奈良市には公民館運営審議会がひとつしか設置されておらず、自主グループ連絡協議会なども全館に設置されているわけではない。住民の声を聴いて事業や公民館運営に活かす仕組みが各館にできるまで、おしゃべり会を開催しなければならないと思っている。

住民とともに事業を創る

奈良市では財団職員に魅力的な事業を提供することが期待されていたため、住民とともに事業を作る営みはあまりされてこなかった。しかし、学習の主体は住民であり、それは全体研修のなかでも繰り返し確認してきたし、事業計画方針でも示され続けてきた。財団の設立から一五年以上が経過し職員自身が成長したことに加え、おしゃべり会の開催により住民の声・思いを聴く経験を積み重ね、住民の声を聴くことに気負いや遠慮がなくなったのか、住民とともに講座を作る公民館が徐々に増えてきた。

西部公民館では、二〇一八年度から「せいぶ講座企画チーム」を開催しており、二〇二一年度には「未来につなげる市民企画講座〜なぜ、いま〝もったいない〟が必要なの⁈〜」を行った。また、二〇二一年度には、春日公民館が「市民と作る講座作戦会議」から「元気つながり倶楽部」「市民コラボ企画〜ならまちの民話と伝統〜」を、京

「元気つながり倶楽部」の様子

西公民館が「笑顔を広げる学習会」から「奈良少年刑務所絵本と詩の教室」を、富雄南公民館が「とみなんしゃべり場」から「春の一日体験！　家族でチャレンジ！」を生み出した。

これらの事業からは、住民とともに企画することで、職員だけでは取り組みにくいテーマにもチャレンジできていることがわかる。住民は、職員の力を借りて「学びたい」を形にし、職員は住民の知恵と力を借りて「学びたかった」「事業化したかった」ものや自身が全く考えていなかったテーマでの学びを実現させる。まさに二人三脚の取り組みである。

また、これまで、生涯学習センターでは託児ボランティアやパソコン学習サポーターを、いくつかの公民館では図書ボランティアや回想法ボランティアなどを養成してきた。中部公民館では現在、奈良市社会福祉協議会の協力を得て、ひきこもりの「つながりサポーター」の養成講座を実施しており、四〇数人（半数以上が一八歳から二〇代の若者）

の参加があったという。住民自身が学びや暮らしを支援する側になり、公民館とともに活動を続けてくれている。

このような住民とともに事業を創る営みや、公民館事業をきっかけに生まれたボランティアグループとの協働を地道に続けることで、住民は事業の参加者という受け身の学習者から学びを生み出す主体となり、団体の活動を計画し運営する主体となり、さらには地域の魅力を発信したり課題を解決したりする主体となっていくだろう。奈良市でも、ようやくこうした取り組みが芽吹き、根ざし、成果を挙げつつある。

繰り返しになるが、これまでの職員研修やおしゃべり会などの取り組みが奏功し、職員が成熟したことなどが、こうした展開につながっていると考えられる。しかしながら、二〇一八年度を最後に公民館の正規職員の新規採用がないため、こうした理念・実践を若手・後進に引き継いでいくことが大きな課題となっている。

住民とともに、公民館を、地域を、デザインする

このように、奈良市の公民館は住民とともに事業を作る方向にようやく動き出した。また、各館が養成したボランティアグループだけでなく、多くの自主グループや市民活動団体などとも協働して事業を生み出すようにもなってきた。これが、単に事業を作ることだけにとどまることなく、公民館の運営にも住民が関わり、これまで以上に公民館が住民の居場所や心の拠りどころ、地域の拠点となることをめざしたいと考えている。集うこと・つながることが難しかったコロナ禍を経て、中学校区のなかで顔の見える関係を紡ぎ直し、それぞれの団体が互いの活動を知り合いつながり合うことが、今こそ必要である。

私たちの職場は年々、厳しさを増しているが、職員の力量を高め、行政や地域に存在する縦割りの組織に公民館

が横串を刺し、住民とともに、地域の未来をデザインしていきたいと思っている。学びを通して、幸せな未来と地域を、地域の人と創っていきたい。

（佐　野　万里子）

注

（1）奈良市『奈良市外郭団体の統廃合に関する指針』二〇一一年。
（2）高橋満『コミュニティワークの教育的実践―教育と福祉とを結ぶ―』東信堂、二〇一三年。

第8章　社会教育実践と社会教育主事の力量形成

1　越前市の公民館と主事の役割

越前市の公民館

越前市の公民館は、一七の小学校区にそれぞれ一館ずつ設置されている。そして、公民館の職員は館長、主事、事務補助員とシルバー人材センター委託の清掃管理人・事務所管理人で構成されている。

館長は、特別職の非常勤職員であり、任期は一期二年で、三期まで再任される。年齢は四月一日現在七五歳未満で、勤務はおおむね週一二時間程度の勤務を目安に、公民館運営協議会で推薦され選任される。

公民館主事は全員で三七名。一七の公民館に二～三人の主事が配属され、他に生涯学習センターに一人、生涯学習課に一人配属されている。そして、一七の公民館、生涯学習センター、生涯学習課の定期的な異動が行われる。また、公民館主事は二〇二〇年度、嘱託職員からフルタイム会計年度任用職員（地方公務員法第二二条の二第一項第二号）に移行し、勤務している。

勤務日は原則火曜日から日曜日・祝日で、一週当たり三八時間四五分、午前九時から午後一〇時までの一カ月単位の変則勤務である。公民館の管理運営、公民館事業の他、一九九〇年に各地区に公民館を拠点とした「自治振興会」が発足したことから、公民館主事は、「地域支援主事」の併任辞令を受けて地域自治振興事業の補助業務も行っている。

公民館主事の平均年齢は、五二・五歳。子育てが一段落して任用された主事、人との関わりのある仕事に就きたいと再就職先として公民館を選んだ主事と、様々な社会経験豊かな主事が多く任用されている。

そして、女性がほとんどで、今年度一人の男性が公民館主事に採用され、一〇年ぶりの男性主事で期待度も高く頼もしく思えた。

公民館主事は、二四人（約六五％）の主事が社会教育主事講習を修了し（社会教育主事資格を持つと給与二号UP）、一六名が社会教育士の資格を取得して、意欲を持って社会教育活動に携わっている。

越前市の公民館の役割

二〇二〇年、教育振興ビジョンが改定され、公民館の役割は以下のようになった。

一、社会ニーズ及び地域課題に対応した生涯学習

誰でも足を運びやすく、参加しやすい、人と人を結ぶ地区公民館を目指すため、新しい時代を切り拓く人づくりや地域コミュニティづくりを推進し、学習の成果をまちづくりや社会参加活動につなげるような、地域の課題解決や、地域に根ざした身近な講座等を開催し、多様な文化を持つ人々が参加しやすい環境づくりを行うこと。

新型コロナウイルス感染拡大などにより対面学習が困難な状況においても、新たな取り組みにより生涯学習の機会を提供していく。

二、活力ある地域づくりの推進

公民館は、「地域の総合的なまちづくりの拠点施設」として、学習の成果を生かし、地域自治組織や学校、市民組織との連携を密にしながら、活力ある地域づくりに努め、社会教育団体等の活動支援を行うとともに、地域の担い手となる人材の発掘と育成に努める。また、二十歳の式典実行委員会や青年活動等を通し、自主的な青年の活動を支援していくこと。

三、生涯学習施設の整備

市教育施設等長寿命化方針に基づき、耐震性の低い地区公民館から受持、耐震化並びに機能向上改修工事を実施していく。

このように、教育振興ビジョンには、「その地域に暮らす住民が自治振興会や社会教育団体などとともに、住み慣れた環境のもとで、自分らしい生活を継続するためのコミュニティづくりができるように支援すること」と示され、そこで、公民館職員は、①学習課題の把握と企画立案の能力、②コミュニケーションの能力、③組織化支援の能力、調整者としての能力、④幅広い視野と探究心が求められている。

越前市独自の公民館主事研修

越前市の生涯学習課では、職員の資質・能力を養成して、公民館の役割や知識及び能力の習得には、県や県公民館連合会などが主催する各種の外部研修に参加する機会を積極的に設けるだけでなく、市独自の研修を進めていくことが必要であると考え、年間を通して、公民館職員プログラムを計画し、研修を実施している。その目的は次のようである。

越前市の公民館は、「地区の総合的なまちづくりの拠点施設」として、地域の課題解決や地域に根ざした学級講座を開催し、市民が主体的・積極的に取り組む学習機会の設定と提供が求められている。また、公民館主事は、自治振興会の事務補助を行う地域支援主事（併任辞令）としての役割も担う。こうした現状と役割を踏まえ、今後とも職務能力の向上を図っていくとともに、意欲を持って職務を遂行するための努力を行っていかねばならない。

以上のことから、この研修カリキュラムは、公民館職員が名実ともにその役割を果たしていくため、「越前市公民館職員人材育成プラン」に則り、望まれる職員像とその能力の向上を促していく。また、人づくり・地域づくりのコーディネーターとしての様々な専門的、実践的な知識・技能を習得するとともに、意欲と資質の向上を図ることを目的とする。

このようなことから、次のような研修会が開催されている。

Zoomでの館長・主事合同研修（基礎研修）

【館長・主事合同研修】

市の教育方策や服務について、公民館職員としての基本的な心得を認識し、職務に対する使命と役割を自覚するための研修である。また、社会教育団体の活性化に関する課題や公民館職員の資質向上に関して講師を招いて学び、知識を高める。

【ブロックリーダー会】

一七公民館を四つの地域ブロックに分け、その中にブロックリーダーを決め、各ブロックの現状と課題を把握し、解決に向けての方向性について検討し、各ブロックの実践につなげるための研修である。よりよい研修となるよう、内容や実施方法について、ブロック内の意見を反映しながら検討を行う。ブロック内のコミュニケーションを円滑にする役目もブロックリーダーが務める。

【課題別研修】

様々な課題を抱える地域に寄り添いながら、幅広い視野と探求心をもち、「自立と協働」の理念のもと、地域自治の推進や地域社会の活性化を支援することができる公民館職員を育成するための研修である。年度初めに四つの課題（子ども、地域、多文化、主事の資質）から、地域の実態（地域課題等）に即したテーマや重点事項を各公民館で設定し、実施計画を立て、年間を通して取り組んでいく。昨年度の課題別研修の成果を踏まえ、多面的にアプローチすることで、青年活動の活性化をはかり、地域の担い手となる人材を育成する。年度終わりの課題別研修報告会においては、実践内容や成果と課題を報告し考察することで、継続的な事業の展開を意識していく研修とする。

【公民館主事研修】

公民館主事を経験年数によって分け、経験値に合わせた研修プログラムである。経験年数〇から五年までの主事は、文書事務等、基本的な実務について学んだり、社会教育に携わる立場である公民館主事として、主体的に学びに向かう態度を養ったりするための基本研修を行っている。主な内容としては、生涯学習課で定める公民館基本資料集や公民館業務資料集をもとに、また、ブロックリーダーが指導者となり、悩みや不安の相談に乗り、一緒に解消していこうと「話し合う」ことも研修の一環とし行うことで、個人の資質の向上だけでなく、チームとしての繋がりの強化も図っている。

ブロックリーダから学ぶ「チラシ作成のスキル」

経験年数六年から十年までの主事は、地域づくりのコーディネーターである公民館業務を担うリーダーとなる為の資質を高めるとともに、今後の公民館主事としての資質を養うためのリーダー養成研修を行っている。ここでは、公民館においてリーダーとしての資質を向上させるため、公民館をチームとして考え、より機能させるための方法や、自分らしいリーダーシップの取り方についての講演を聞いて、見識を広げている。

試行錯誤しながら始まった公民館主事研修が四年目になる。これらの研修を通し、公民館主事からは、様々な声が聞かれる。「公民館主事にとって、社会教育とは何かを常に念頭に置きながら仕事に就くことが大切だと感じている」「事務処理の仕方を学ぶだけでなく、地域の方への向き合い方や、公民館主事としての姿勢を学ぶことができる」など。そして、一番多く聞かれる言葉が、「みんな悩んだり、失敗したりしながら仕事に向かっている。悩んでいるのは自分だけではないことが分かった。これからも、先輩主事や同僚主事とたくさん話し合いながら、進んでいきたい」ということ。これらの研修を通して、少しずつ公民館主事という仕事への誇りやモチベーションの向上に繋がってきていると実感する今日である。

2　公民館との出会いと主事仲間の学び合い

こんな仕事をしてみたい

私と公民館との出会いは二六年前。町内の子ども達と取り組んだ壁新聞が市長賞を受賞し、地区文化祭に展示させてほしいという依頼を受けたことから、始まった。仕事と子育ての両立を図りながら大忙しの毎日を過ごしていた私は、家から歩いて一分もかからないところにあるにもかかわらず公民館に足を運ぶことはほとんどなかった。しかし、文化祭の展示をきっかけに初めて顔を出し、公民館主事に誘われるがまま家庭教育学級に参加するようになっていった。

私にとって公民館は、近くて遠い存在だった。正直、高齢者の行くところだと思い込んでいた。しかし、いろいろなことを学べるところであることに驚いた。

家庭教育学級生として、子どもや親としての講座は、とても勉強になり、地域の人との交流もでき、安心して行ける場所となった。しかし、参加者が少なく、主事さんたちの口コミで呼びかけていることもよくあった。年度末の学級の閉講式には、主事さん二人と私の三人だけ。

「えっ！　三人ですか。」と思わず声が出てしまったが、仕事と家庭に忙しい世代にとっては、役立つ講座も行きにくいのかも知れない。興味深い話も、お母さんたちには届かなかったのだ。「こんなにいろいろなことを無料で学ばせてくれるところがあるのに」「公民館では高齢者だけでなくいろいろな年齢層にも対応した講座が開かれているのに」「誰でも学べる場になっているのに」と、私のなかの公民館に対するイメージが変化し公民館の活動に関心を持つきっかけとなった。

公民館主事は、なかなか参加者の集まらないなかでも、地域住民の学びの場として多くの事業を計画している姿を見て大変さも感じたが、地域の人と楽しそうに話を交えながら事業を進めている様子を見ると「わたしもこんな仕事がしてみたい」「おもしろそう」「今度は私が多くの人と一緒に何かをしてみたい」というワクワク感で気持ちが高まり、一九九六年五月、仕事を辞め、公民館主事になる道を選んだのだ。

先輩の姿を見つめ、追いかけながら、公民館の仕事に慣れようと毎日必死にこなすことで精いっぱいだったが、公民館での仕事は、地域の人と関わることで、多くの人と知り合い、多くのことを教えてもらえることにとても新鮮さを感じ、楽しく充実した毎日になっていった。

公民館は何をするところ？

そんななか、尊敬する先輩から「今、楽しいやろ？　今に色々悩む時期が来るよ」といわれたことが今でも私の心に残っている。それがどういうことを意味するのか、公民館の仕事がただ楽しくて、意味もわからなかった。だが、県公連の基礎研修に参加したり、公民館での事業を計画している先輩の姿を見ていくうちに、「公民館って何をするところだろう？」「私の仕事ってこれでいいの？」と、ふつふつと疑問が湧きはじめ、「先輩の言う悩みはこれなのか？」と壁にぶち当たったことを覚えている。そして、社会教育主事講習を受講し、また、いろいろな研修に参加して、自分なりに「社会教育とは何か」「公民館ってどんなところなのか」と自分のなかの疑問の解決を見つけに出かけるようになった。

いろいろな疑問があるなかで、私が異動した公民館では、学級・講座を担当する主事は、「私（自分）の講座」として館内での話し合いもなく、自分の好きなやりたい講座を計画し、どの公民館に異動しても金太郎あめのように同じ講座を繰り返し開催しているあり方に疑問を感じた。

異動して二年目、同じ公民館の主事は、地域の人がただ楽しむことだけを目的とする単発講座ばかりを開催し、参加者が喜んで帰ってくれれば講座が成功したと満足していることに違和感を持ち始めていた。

「忙しく仕事をしている＝公民館の事業をしている」と、公民館を利用する意味や目的は何かを整理できないまま仕事をしていることに気づき始めたのだ。

私も、「何か違う」「これは公民館がすること？」「公民館は何をするところだろう」「私の仕事ってこれでいいのだろうか」と、もやもやした気持ちを声にだし、公民館の役割について夜中まで真剣に議論をかわすこともしばしばあった。頭では何となく理解していても、実際に取り組もうとするとどう形にしていいのかよくわからない。

悩みから始まった「マンデー会」

「なぜその講座をするのか」「どのように実施していくのか」その答えを見つけ、共通認識を持つためにたくさんの時間をかけ、話し合い議論し合ってきた。このように、同じ疑問を持つ仲間と熱く語り合えたことが公民館の仕事をより面白く感じられるようになる一歩となったのだ。

私は、生涯学習課の実施する職員研修と並行して、悩んでいる主事はまだいるはずだと考え、先輩に話しかけ、他の主事にも呼びかけて「わからないことはみんなで考えてみよう」「ひとりで悩まず一緒に悩もう」と、とてもシンプルなことから、自主勉強会「マンデー会」を始めた。

マンデー会には、勉強会をしたいという熱い意気込みを持つ主事が集まり、月曜日の休館日を利用し開催したことから、みんなで「マンデー会」と名付けた。マンデー会は、「地域の人から期待される公民館に！　地域の人から愛される場所になるために！」をテーマにして、公民館の法的な設置根拠や社会教育の基本を公民館の歴史を振り返りながら、越前市の公民館や自治振興会のねらいと目的を歴史的な背景を含め、①どう課題を抽出して計画事業に展開していくか、②意識を高め、若年層の参加を取り入れた人材育成、後継者育成をどうするかなど地域の課題を考えていった。そして次のことを学んでいった。

一、職員が学ぶべき知識は何か

・主事、館長の職員の意識の向上を図り、説得力、コーディネート力をつけ、気づかせる力、信頼感をつくる。

・地域支援主事のあり方を考える

二、身に付ける技はどういうものがあるか

・計画づくりの手法、手段、環境整備

・アンケートやヒヤリングなどの活かし方

・住民自治を学ぶ

マンデー会では、みんなで日頃思っていることを出し、それぞれの知恵を出し合い、解決の方法を探ることはもちろんのこと、県公連が主催する研修の講師にお願いし越前市まで足を運んでいただき、講義を受けたり、全公連の熟議を利用したり、時には公民館連絡会で全員に声をかけて市公連と研修委員との合同研修も行ってきた。また、タイムリーな話題にも目を向けながら、『月刊公民館』や『月刊社会教育』を読みあい意見交換も行ってきた。

それは、「公民館は何をするところか」といった公民館の役割について、自信を持って語り、伝えることができる職員でありたい、多くの学び得たことを実践に結びつけたい、職員同士の悩みや課題を共有して、働く仲間として話し合える場にしていきたい、主事としての専門性を求めて仕事をしたいという主事の熱い思いが詰まった充実したマンデー会だった。

マンデー会は、様々な矛盾に突き当たり、「何か違う」と感じながら、もがき奮闘する一人ひとりの主事といっしょに試行錯誤して勉強会を重ね、次へのエネルギーをもらって帰れることができる場であり、参加した主事にとっては、ワクワクして仕事をしていきたいという思いを、いつでも悩み考えながらも前を向いて歩いていくことの実感と体感ができる場だったのかもしれない。

二〇一一年から始まったマンデー会は、私がこれまで先輩から教えてもらったことやみんなと悩み、公民館について話し合い、自分なりに胸に落ちて理解することができた経験から、今、もやもやしながら頑張っている主事たちにも、仲間とともに考えあい、ワクワクして仕事を続け、仕事の楽しさを味わってもらいたいという思いで呼び掛けてきた。

しかし、今では、日々の業務に追われ、主体的に勉強会を率いる主事がいなくなり、消滅してしまい大変残念である。今でも、悩みを持ち、もやもやしながら仕事に向き合っている主事のために、話し合える場があるといいのではないかという思いが、今の研修プログラムの実施に繋がることができたように思われる。

3　私の公民館実践とこれからの課題

公民館二六年のなかで

最初に配属された武生南公民館で、当時未就学児の親子を対象にした家庭教育学級（金銭教育、お母さんのためのセミナー、子どもの育児について学習や地域の大人たちの交流会などを計画）に参加していた二人の子どもを持つお母さんに出会った。子どもも成長され、現在、子育てサポーターとして地域でボランティアとして活躍されている人だ。その人からいわれた言葉が、今も私を支えている。それは、「あの時、浅井さんと一緒にやってきたことはこのことやったんやね」と。今も学んだことを活かして活動している。十年以上経った今、彼女の言葉は、「公民館主事になってよかった」と思えた瞬間であり、公民館主事冥利に尽きる言葉だった。社会教育は長い時間かけて学びが人を変え、育まれるものだとも実感した。

味真野（あじまの）公民館でも、現在も変わらず、地域活動への入り口であるはずの壮年会や女性会など、地域の地縁組織である活動団体の会員減少、担い手不足、組織全体の弱体化が課題となっている。そこで、当時、社会教育団体の育成のため、特に地区女性会の活性化に向けた状態調査に取り組んだ。

状態調査で地域の一人ひとりと向き合い話を聴くことは大変時間を要し、容易なものではなかった。しかし、地域に対する本音や一人ひとりの生きてきた歴史や暮らしを具体的に相手の気持ちになって聴きとることができたことは、地域を知る、人を知るという、私たちの公民館職員としての基本であり、大切な学びであることを思い知る機会になった。そして、聴き取る力が必要であることも実感した。

岡本公民館でも社会教育団体の育成の取り組みとして、地域づくりのための人づくりとして、特に青年グループや女性サロンの立ち上げを支援し活動を行ってきた。次世代を担う青年たちや災害時などでの女性の視点は地域づくりには不可欠なことだと思う。

地域づくりには、多くのいろいろな年代層の関わりが重要だと実感したが、住民の意識が地域から離れている今、地域活性化に向けて担い手をどう繋いでいくか、大きな課題であり、公民館の役割として主事の力量が問われている。


専門性ってなんだろう？


今年度は、会計年度任用職員制度開始から三年目を迎え、公募が行われる。少しずつだが、待遇改善もされてきたとはいえまだまだ問題もある。会計年度任用職員でありながら公民館主事は専門性を求められている。

公民館職員が、理念や業務内容について一定の知識や能力を得るには、研修することで理解し習得していくか、自己研鑽が重要だと感じる。

私も、先輩の仕事を見よう見まねで、悩みながら手探りで「社会教育とは」「公民館の役割とは」を探し続けてきたが、今でも悩み続けながら、まだ答えは見つかっていないような気がする。

でも、私の仕事をしている姿を見て、公民館の仕事に就きたいと公民館主事に応募してきてくれた主事のためにも、私は、「公民館の仕事とは？」「誰のために」「何のために」をこれからも探り続け、悩み続けながら前を向いて歩きながら考え、自分のできることで社会教育に向き合いたい。

自治振興会が発足して一七年が経つ。地域振興条例を制定し、自治振興会の役割りを明確にし、地域自治の確立を目指してきた。しかし、振興会自体も社会教育団体と同様の課題が浮き彫りになってきている。公民館主事の担う自治振興会の補助業務内容は、各地区の状況により温度差は大きいが、自治振興会から依頼される仕事が膨大になっている地区も多々ある。地域を担う「人」をどう作っていくか、ここにも、公民館主事の力量が問われている…。

この三年近く、コロナ禍で、人と人が集い交流することもままならなかった公民館。今改めて、公民館の役割が問われている。「つどい、まなび、むすび、つながる」を基本に、地域のことを知り、人を知り、住民とともに実践を踏まえながら学び合い、知恵を出し合い、暮らしや生活を良くしていくために学習を深め合っていきたいものだ。

現在、生涯学習課に勤務する私は、みんなでモチベーションを上げ、誇りと意欲を持ち、やりがいのある職場となるよう、仲間とともに知識を高め、実践するなかで力量形成をしていきたいと思う。熱い思いを持ち、ワクワクした気持ちを持って仕事をしたい。そんな思いを持つ仲間を増やし、公民館らしい公民館をつくり上げていきたいと二六年を振り返って思う。

（浅　井　真由美）

コラム②　NPMと自治体改革

二〇世紀後半から自治体改革論が新自由主義的な経営理論やガバナンス論と結びついて論じられるようになって、久しい。その特徴は、憲法第八章の地方自治の精神である、団体自治や住民自治の原理を具現した地方自治法とそれぞれの分野の法（ここでは、教育基本法、地方教育行政の組織及び運営に関する法律、社会教育法等）を考慮の対象とせず、もっぱら「法理論なき」行政学や経営学の観点から論じられるようになってきたことである。

一九七〇―八〇年代には、法的規制からの自由を意識して、シビルミニマム論（松下圭一）が一部「革新自治体」でもてはやされたが、いまや「死語」となっている。そこには、シビルミニマム論の欠陥である、ナショナルミニマム論が欠落していたことにもある。そして、革新自治体を駆逐する「小さな政府論」や市場論、都市経営論が八〇年代から九〇年代の低成長時代とともに隆盛してきたことにある。

臨時行政調査会や臨時教育審議会に始まった八〇年代改革は、一九九六年橋本六大改革を経て、二〇〇一年小泉「聖域」なき「構造改革」（行財政改革を中心に＝「官から民」へ）、安倍（アベノミクス）政治改革となって、「改革の嵐」が、全国を覆ったといえる。郵政民営化をはじめとする公共事業体の民営化、規制緩和、構造改革特区等によって「市場主義的改革」がその思想的原理であった。とりわけ制度面では、平成の大合併（一九九九―二〇一〇）、国の省庁再編（二〇〇一）によって、「公共性」の形が改編され、自治体の公共的守備範囲は最小限に縮減されてきた。その政策を推進するために活用されたのが企業経営を模したNPM（New Public Management）の手法である。

世界的には英国やニュージーランドで導入されたのが始まりであり、その考えは、経営資源の活用の裁量、市場メカニズム、顧客主義、組織のフラット化等が意識された。また、そのための政策枠組みとして、公共経済学や公共政策論が理論的背骨とされるようになった。自治体とりわけ社会教育の分野では、専門領域の独自性や教育的価値がＮＰＭ的都市経営にとって障壁と意識され、住民参加の法的制度も極力排除されるようになっていった。そのために法的規制緩和が導入されるようになってきた（社会教育法改正による公民館運営審議会や社会教育委員会議の必置義務の任意設置化等）。

専門職や正規職、資格要件などは、財政的理由や人事の滞留などの理由から、採用、研修、昇進が控えられるようになってきた。独立行政法人制度や指定管理者制度の導入による非公務員化、首長部局職員と社会教育部局職員との兼任化、会計年度任用職員としての採用（任期付き）、また評価システムの導入により、経営上不採算分野は廃止とされた。公共施設の老朽化の際に、社会教育施設は統廃合の対象にされがちになり、それらの理由も不分明な場合が多くなってきた。これらは社会教育の自由や国民の学ぶ権利（憲法二六条）、九条俳句訴訟の大人の学ぶ権利を認定した東京高裁（最高裁で確定）判決に反するものであるといわなければならない。自治体や国の未来は、住民の学習と民主主義力量水準に規定される。社会教育に大いに期待したい。

（姉崎洋一）

第Ⅲ部

行政縮小下における
行政づくりへの参加の力

これから自治体にむけて、政府レベルでは、「AIやロボティクスを活用した『スマート自治体』」「サービスを提供する『サービス・プロバイダー』から公共私を協働させる『プラットフォーム・ビルダー』」などといった大きな変革の方向性が論じられている。それは地域にいかなる事態を招くのか。

大きな変化にむけて強い力がかけられているなか、その変更を、地域の未来にとってより良いものに修正・発展させていく力が、地域、そして自治体には試されている。そうした、これからの行政づくりへの参加の力は、いかにして育まれていくのであろうか。

第9章　自治が育つ学びと協働の歴史的形成

―阿智村に移住して学ぶ―

1　阿智村の学びと協働に参加する

あち憲法を学ぶ会に参加

私は、阿智村の社会教育に関心を深め、二〇一三年三月末、社会教育職員として働いた所沢市役所を定年退職し阿智村に移住した。現在まで、週末に東京で大学の非常勤講師を務め、日曜日から水曜日までは阿智村で暮らす二拠点生活を始めて一〇年になる。

私は阿智村民として社会教育を学ぶという目標をもち、村の公民館活動にも積極的に参加した。まず、「あち憲法を学ぶ会」に誘われた。沖縄の映画会や憲法講演会を開催したり、阿智祭（公民館文化祭）で憲法カフェを開店したり、特定秘密保護法の学習会も開催した。「学ぶ会」は、夏の成人式で新成人に憲法手帳を配布する活動も行っていた。

あち自由大学の世話人に

そして二〇一五年一一月に、飯田市の病院の北原明倫(あきのり)医師の呼びかけに応じ、世話人の一人となり、「あち自由大学」を開講した。飯田・下伊那地域は大正・昭和にかけて「伊那（信南）自由大学」運動の歴史もあり、〝あち自由大学〟の開講は意義あるものだった。

六人の世話人で話し合って開講の目的を「①当面する社会的重要問題（政治、経済、環境、文化など）について、国の政策や国際的背景、地域に及ぼす影響等について分権的学習と討論を通じて問題の核心を掴む。学習を通じて自由と民主主義的考えを学習する。②常に阿智村の「立ち位置」を確認しながら住民主体で自立的民主的な村づくりに協力していく」[1]などとした。私たちは、村づくり委員会に登録した[2]。定例会は、世話人でテーマを決めて、報告や講義をお願いし、意見交換する形式である。主に平日の夜に開き、参加者は一〇～二〇人ぐらいで、会員制は取らず、多い時は五〇人を超す参加もある。当初は月一回の定例開催であったが、コロナ禍で延期、中止が重なったが、二〇二二年一〇月で第三九回を迎えた。

阿智村の学びと協働の構造

あち自由大学の特徴は、国や世界の情勢を地域のさまざまな課題に結びつけ、主に地域で活動する人たちが報告することである。

例えば、第一三回あち自由大学で「『子どもの貧困』リアル」（講師：和田浩医師、二〇一七年五月）を開催したがその後、受講した人たちが中心になってグループ「こども応援隊」（以下、応援隊）を組織した。応援隊は、翌年八月から、ゲストハウス「みんなのいえ」で、こども食堂「ねやねや亭」を始めた。

そして、応援隊は、二〇一九年の第五二回阿智村社会教育研究集会（以下、社教研）の健康福祉分科会「安心して暮らしつづける阿智村をつくるために」に参加し、その取り組みを報告している。さらに応援隊は、分科会で「就労支援と居場所を考える会」と「はぐカフェ」というグループに出会い、三団体で「あちサポートネットワーク」を結成して、経済的困難を抱える子どもの学校生活を保障するために、制服などのリユース活動をはじめた。

応援隊の代表の林茂伸は、こうした取り組みを「こども食堂『ねやねや亭』開設一年」として阿智学会の会報[3]『あちジャーナル』に次のように書いている。

「『ねやねや』とは下伊那の方言で、人が一箇所や狭いところに多く集まる様子を言う」「当日になると、小さな子どもと親で食堂は満員になる」「親子で一斉に夕食する様子は壮観である」「食材はボランティアスタッフの持寄りを主として不足分は購入で賄うが」「飯田の肉卸業者がねやねや亭の肉無料提供を申し出てくれた」。「飲料メーカーからの活動資金の補助もあり」「阿智高校のボランティア部の生徒が、この事業に関わってくれるようになった」。「ねやねや亭を含め、出来ることを出来るようにする小さな取り組みだが、その力は実は大きいのである。地域社会の人間のつながりの大事さを改めて思い考える」と。[4]

このように、公的制度である村づくり委員会として一つの学びが始まり、その活動が社教研で発表され、時には『あちジャーナル』で紹介され、住民の学びが広がり深まる、という展開に、阿智村の学びと協働の実践構造があると私はみている。

こども食堂「ねやねや亭」

2　村づくり委員会の歴史的経緯

村づくり委員会の特徴

グループの学習会の講師謝礼を補助するという制度は多くの自治体にみられるが、村づくり委員会の特徴は、「登録」制ではなく「届出」制であること。すなわち、行政がグループ学習の内容を審査しないことが「登録」との違いであり、この違いは住民と行政との関係でとても重要である。行政が学習活動に干渉しないこと、または一部の団体だけを補助したりしないことが大事なことで、これにより村民の自由な学習が展開できる。

この制度は二〇〇一年に、岡庭一雄村長の時代につくられた。

村を二分した処分場問題

一九九八年に村長になった岡庭は大きな課題を抱えてい

た。県廃棄物処理事業団の廃棄物処分場（以下、処分場）受け入れ問題であり、当時、岡庭は環境水道課長であり直接の担当であった。

その当時、処分場は、迷惑施設として全国的にも住民の反対運動が盛んであり、住民投票もあちこちで行われていたが、阿智村では、処分場の存在は産業社会に必要な施設であり、「避けて通れない問題」と考えていた。しかし処分場の受け入れには、村民の理解が必要であり、村では村民説明会や学習会を開催したが、村内の意見は二分した。

そこで村では、村の暮らしや地域社会への影響を検討する「社会環境アセスメント委員会」（以下、委員会）を独自に立ち上げた。

委員会がめざす基本理念は、「①廃棄物処分場の設置あるいは拒否は、住民自ら決める。②住民自ら判断するために必要な情報を提供する。③賛否いずれの立場からも委員に参加する。④委員会はすべて委員の自由な意見の表明の場とする」ことであった（傍線筆者）。

こうした理念に基づく、九カ月に及ぶ委員会の研究調査の結果は最終報告書としてまとめられたが、内容は単に県の計画を追認するのではなく、計画や運営における情報公開と住民参加を求める新しい提案になった。[5]

行政の役割は住民の自由な学びの保障

委員会活動だけでなく村民の学習活動も活発に展開した。こうした学習活動から、いくつもの要望書や公開質問状が村に提出された。

公民館では、第三〇回社教研（一九九七年）で社会環境アセスメント委員会の高杉晋吾（ジャーナリスト）委員長を助言者とする環境分科会を開催した。第三三回（一九九八年）では宮本憲一（立命館大学教授）が全体会の基調講演と環境分科会の助言者を務めている。

行政の担当として岡庭は、このような学習活動が賛成派、反対派を問わず、旺盛に展開されることが村民の理解と納得につながると考え、行政の役割として「①住民間で自由な討論が高められるようにする。②すべての情報の公開を行う。③反対、賛成を問わず住民による学習会の経費（講師の謝礼や印刷費等）は公費負担とし公共施設の利用も保障する。④判断の参考になる資料を提供する」と決めた[6]（傍線筆者）。

処分場受け入れの諾否は、最終的に議会の決定にゆだねられ、議会として検討や討論、施設視察等が行われた。さらに集落単位に議員が分かれて懇談会も開催した。その結果として、二〇〇〇年三月議会で処分場計画の受け入れを決めたのである（しかし、この計画は、県が中止したため、処分場建設には至らなかった）。

阿智村では、こうした長年にわたる処分場問題を通して、村民と行政、議会のあり方が問われ、鍛えられてきた。この経験が「住民の学習、実践を支援し、住民に判断を委ねる」「住民主体の行政」をめざす岡庭村政を誕生させたのであり、住民の合意形成をめぐる経験は、住民の自由な学びを保障する「村づくり委員会」につながったといえよう。

3　自治が育つ学びを支える職員の役割

住民参加の講座企画

私が所沢市で社会教育職員だった時に、講座は、住民参加の企画委員会でつくることを原則にしていた。企画委員会で住民の要望や課題を話し合い、学習プログラムを考える過程で、職員と住民とが学び合う。そして講座が始まれば、受講者の運営委員会があり、講座終了後は、有志がサークル（グループ）をつくって学習を継続していく、ということを目標にしていた。だから、社会教育職員の専門性は、講座の企画・運営にあると考えていた。

ところが、阿智村では違っていた。あまり、講座が開かれず、開いたとしても、住民参加の企画委員会というわけではない。では、阿智村の公民館は住民の要望や課題に応えていないかというと、そうではなく、もっと直接的に応えているともいえよう。

自治を育てた「夢のつばさ　施設づくり運動」

例えば、阿智村の社会教育実践として、私が最も注目したのが、阿智村の公民館主事だった林茂伸の実践「夢のつばさ　施設づくり運動」である。この実践は二〇年程前になるが、阿智村がすすめる社会教育の姿を知るうえでとても参考になる。

林の実践を要約すると次のようになる。

二〇〇〇年の冬、養護学校卒業予定の子どもの親たちが公民館に相談にきた。子どもたちが卒業後もこの村で暮らせるように施設をつくってほしいというものであった。公民館主事の林は、これを施設建設の要求にとどまらず、「障害者福祉と人権問題という住民全体の地域課題としてその学習の発展の可能性」に気づき、広く村民にも呼びかけ「通所施設を考える会」（以下、考える会）をつくり、学習会を継続できるように援助した。

林は、毎年開催されている社教研に「障害者福祉と条件整備」の分科会を設け、考える会が参加して村民と共に地域の課題として話し合われた。

また、考える会に参加していた家族が中心になって家族会「ぐるーぷ夢のつばさ」（以下、夢のつばさ）をたちあげた。夢のつばさも考える会と並行して月一回の定例会を継続した。夢のつばさは、夏の「福祉や健康を考える集会」のシンポジウムに参加し、親の願いを訴えた。秋は、阿智祭（公民館文化祭）に参加し、資金づくりのためのバザーなどを開催したが、林はその活動を支援し、住民の理解と住民合意をめざした。

ところが、二〇〇二年四月に林は福祉係に異動になった。しかし林は公民館主事でなくなっても考える会のメンバーとして学習会に参加した。さらに考える会では、専門家を交え学習研究を続け、その成果としてシンポジウムで「私たちの願う通所施設」を提案した。

二〇〇三年五月になって、機は熟し、後は村長の判断一つになると林は考え、夢のつばさと考える会が村長と直談判（団体交渉）するよう勧めた。そして何度か交渉が繰り返され、ついに村長が建設を決断した。「運営は家族が法人を作り、指定管理を条件として」。

それから、用地交渉、建設設計、国庫補助金、入札等は林の職務であった。そして夢のつばさのメンバーは法人化の準備、基金募集に奔走した。

こうして二〇〇五年三月、村立の「知的障害者通所授産施設夢のつばさ」が竣工し、運営する「社会福祉法人夢のつばさ」が誕生した。そして四月に「夢のつばさ」は村の中心部に開所し、内覧会には住民四〇〇人が集まったという。(7)

学びと協働を支えた林の実践

林の実践を分析すると住民の学びと協働を支える行政と職員の役割が見えてくる。

①相談できる公民館

林は、養護学校を卒業する子の親たちの願いを受けとめ、広く村民の福祉学習の可能性と捉えた。困っていたら公民館に相談できるという公民館の存在と、林が日頃から障害者福祉に関する問題意識をもっていたことが重要である。

②村民の学習グループをつくる

林は、親たちを中心に「考える会」や「夢のつばさ」という学習グループをつくり、月一回の学習会を継続できるように支援した。

③グループの学習を継続・発展させる

村では、学習会の講師謝礼や視察研修の費用を公費で保障できるような制度（村づくり委員会）を生みだした。また、考える会に設計士や福祉の専門家も加わって、村民と研究者と職員の協働の取り組みになった。

④グループの課題を村全体が共有する

公民館は「つどい」や「シンポジウム」など村民の学習活動や研究活動の発表の場を設けている。考える会や夢のつばさが、社教研などで発表したことにより、学習活動はより広がり、参加した村民の理解も深まる。社教研は村全体で課題を共有できる場であった。

⑤村民が実践力をつけ、「新しい公共」を担う

林は村の職員組合の委員長を経験している。考える会・夢のつばさが最終的に、議会に請願し、村長と直談判して要望を実現していくが、その段取りには林が自治体労働者だからこその力量があったからだ。そして四年半の学習活動は、自治を育て村を動かし、しかも行政と協力して村立の「知的障害者通所授産施設夢のつばさ」を完成させた。そして村民自らが運営にあたるという「新しい公共[8]」を生みだしたことになる。

こうした林の実践から、住民の学習を継続発展させるための公的保障は、学習の自由につながる経費補助と同時に、活動への職員の関わりであり、そして学習・研究活動を発表できる場の設定が必要であることがわかる。

4　自治が育つ学びと協働の本質

講座の企画委員会は行政主体の枠組み

これまでに私が公民館職員として取り組んだ講座における住民参加の企画委員会と、公民館主事の林の実践を比べてみる。

林は、持ち込まれた住民の課題に対し、すぐに当事者中心のグループを作り、学習会を開催した。一方、講座の企画委員会では、住民の課題を捉えようとはするが、課題を抱えた住民が必ずしも講座の受講者とはならない。しかも講座終了後に、継続的なグループ活動や課題解決に、職員は仕事として関与することはない。

ところが林は、グループが課題解決するまで、支援を続けている。しかも、公民館から異動になっても、一村民として関わりを続けた。

講座の企画委員会は行政主体（職員主体）の枠組みとすれば、学習会は住民主体の枠組みと考えられる。林の実践は、職員として住民主体の学習会を応援し、その住民の学びに行政が加わることによって、「授産施設夢のつばさ」という「新しい公共」を実現することになったが、そのために、林は職員として、自治体労働者として「住民主体」の立場を貫いたことに意義がある。

「住民主体」と公民館職員の役割

林の実践から「住民参加」と「住民主体」の違いを考えさせられた。

かつて公民館主事であった松下拡（長野県下伊那郡松川町）は、「住民参加」と「公民館主事の役割」について次のように述べている。

住民参加の考え方は、「行政の立場で地域の課題をすえ、その立場から必要課題として住民の生活課題をすえ、あるいは行政側の一方的な把握によって、行政が対策をたてる。その対策をおしすすめるために「教育」を考え、住民の組織化を考える。……住民参加ということばは、たしかに民主的で住民主体的であるかの如き響きをもっているが、……行政で発想し、行政で見通しをつけ、その対策活動に、どのように住民をまきこんで来るのか、ひきこむのかという、そういう論理でしか考えてこなかったという面が非常に強かったのではないだろうか……」[9]。ここは私にとって重要な指摘であった。私は社会教育職員でありながら、一方では行政職員としてその対策に住民をまきこもうとしていたのではなかったか、と振り返る。では、住民参加の講座では「住民主体」になれないのだろうか。

かつて、さいたま市の公民館職員であった片野親義は、「講座における参加者と講師と職員の基本的な関係は、お互いの生きる課題を共有しあい、学びあい、成長しあう関係にほかならない」といい、「課題を共有しあうことは、お互いの自己成長のための学びと行動を認識しあい、励ましあう関係をつくりあげること」であるといった[10]。片野は、講座を通して、住民・講師・職員の学びあい、成長しあう関係がつくられる、つくらなければならないと考えていた。住民主体の講座をめざすために、私たちが、林の実践に学ぶ視点がここにあるのではないだろうか。

阿智村の自治と学び、そして協働のいま

岡庭村長が退任して九年。新しい村長のもと「第六次総合計画」（二〇一八）には、村づくりの基本的方向としての「住民主体の村」の記述が消えた。

いま村では、リニア中央新幹線のトンネル工事に伴う残土処理が大きな問題になっている。二〇二二年六月に行われた清内路（せいないじ）地区の住民説明会で村への批判が相次いだ。村の提案は、新たに設置するリニア整備対策室長にリニア推進の立場と思われる民間人を起用するというもの。村議会では、村民の信頼が揺らいでいるとし、六月の定例議会を延長して協議を続け、最終日に、村の提案を反対八、賛成三で否決した。

また、トップダウンで教育委員会がすすめる「ＧＩＧＡスクール構想」など学校教育の問題も多い[11]。九月定例議会では、教育長の再任案を、賛成六、反対五で可決したが、話し合いで全会一致をめざす阿智村の議会でこのような議決は異例でもある。不登校の子どもや親の願いを尊重するよう教育委員会に求めるなど、全員協議会での深い議論の結果とみることも必要だ。

現在の阿智村で、「住民主体の村政」は少なからず後退している。しかし、持続可能な村であるためには、公権力とせめぎあう自治力がいつも試されるのであり、決して平坦な道ではない。しかも行政と対立関係ではなく、住民の側に行政が参加する道を拓いて、不断に学びと協働を発展させることが、住民主体の村をつくり続けることになる。

いま阿智村の学びと協働には、住民主体の着実な歩みがあることも確かである。全村博物館協会の設立（第4章）、社教研の分科会活動、議会の学習力（第12章）、村づくり委員会の新たな展開など、そこに若い力があることは村民として私の期待も膨らむ。

（細　山　俊　男）

注

（1）「あち自由大学」開講の方針、二〇一五年一一月二〇日提案、世話人会。

（2）村づくり委員会は、『21世紀村づくり委員会事業支援金交付要綱』（二〇〇一年）に基づき、村民五人以上が集まれば、「村民が自発的に行う村づくりの事業」に対し、「研究及び研修に要する経費」を補助する制度である。団体が開催する学習会の講師謝礼や資料印刷代を年間一〇万円まで補助する。年間五〇万円が予算化されているが、毎年各団体に配分されるわけではなく、それぞれが「研究及び研修」を行った後で申請し交付される仕組みである。二〇二二年一〇月現在で八一団体が届け出ている。

（3）阿智学会は「村の文化、歴史、自然、経済、教育、福祉、暮らしなどを探求し、そこに価値を見い出し、地域の誇りを高め、村の活性・発展に寄与」することを目的に二〇一〇年九月に発足。現在の会員数は一八五人。会報『あちジャーナル』は年三回の発行で、Ａ四版五〇ページ前後、毎回一〇本前後の村民の原稿・論文が掲載されている。

（4）『あちジャーナル』第一五号、二〇一九年一一月。

（5）社会環境アセスメント最終報告書『小さな村の大きな実験』阿智村、一九九九年。

（6）岡庭一雄「長野県における廃棄物処理施設政策の変更と阿智村の廃棄物処分場建設計画への取り組みについて」『信州自治研』長野県地方自治研究センター、二〇〇五年一一月。

（7）高坂美和子・林茂伸・原一広「地域と共につくった長野県阿智村の通所授産施設『夢のつばさ』」石川満編著『障害者自立支援法と自治体のしょうがい者施策』自治体研究社、二〇〇七年。

（8）「新しい公共」は、多くは行政サービスを民間委託化して行政役割の縮小を図ることであるが、阿智村は、逆に、村民が協働して村民の要望を実現するために行政サービスを拡大することを「新しい公共」と考えている。

（9）松下拡『住民の学習と公民館』勁草書房、一九八三年。

（10）片野親義「講座の準備と運営のポイント―学びをつなぎ、課題を深める―」朝岡幸彦・飯塚哲子・井口啓太郎・谷口郁子編『講座づくりのコツとワザ―生涯学習デザインガイド―』国土社、二〇一三年。

（11）芹澤恵美「教育の機会均等を問い直す学び」『月刊社会教育』二〇二二年一〇月。

第10章　社会の転換期のなかで住民の学びをつくる公民館

1　財政を学び暮らしを考える住民たち

君津の暮らしを考え隊

君津市小糸公民館を拠点にして継続的に財政を学びながら暮らしを考える活動をしている「君津の暮らしを考え隊」（以下、暮らし隊）がある。

暮らし隊では、公会計を専門とする大塚成男教授を講師に、君津市の決算分析を中心とした財政状況を掴み取り、専門用語を噛み砕きながら学習成果を広報紙「知り隊ニュース」やFacebook等を通じて市民に広く発信している。講師が君津市経営改革推進懇談会委員を務めている縁もあり、暮らし隊の会員は市が主催する「君津市バランスシート探検隊」の市民枠で参加したり、経営改革推進懇談会の公募委員を務めたりしてきた。ほかにも市が開催する行政計画策定のワークショップや説明会に積極的に参加し情報共有を図るなど、各会員の公民館活動や自治会活動、政治活動へも発展していくハブ的な団体といえる。なお、暮らし隊の会員構成は財政学習グループには珍しく半分以上が女性である。

近年では、君津市バランスシート探検隊での経験を活かして、市が公開している施設カルテをもとに自分達で公共施設の設置目的を条例等から読み合い、気になる施設へ見学に行きながら決算等の数字には現れない施設の「役立ち度」を住民目線で捉え、現場の担当職員と意見を交わし合う活動も行っている。施設見学後は、見学のお礼状と共に会員の感想にしたためた改善案等を、所管する担当課に直接届ける活動も恒例になってきている。

豊かに暮らし続けるための出張型学習会

二〇二二年度から「君津市総合計画」が策定し、前期基本計画（二〇二二～二六年）において、将来ビジョンを実現するための柱ごとの施策、四つの戦略的プロジェクトに並んで「拠点づくり」が挙げられている。この拠点形成の中心が各地区の公民館等である。

活動拠点となっている小糸公民館のエリアは、平野部に優良農地が広がり、豊かな自然と住宅が共存している一方で、人口減少や少子高齢化が進行し、小中学校の統合が進み、老朽化した公民館の建替えも控えている。今後、商店や診療所など日常生活に必要な施設や地域活動を維持するために拠点機能を充実させる必要が基本計画にも述べられている。

そこで、これから先も小糸でどのように暮らしたいのか、地域の集会所や婦人会等地域団体の会合に出向いて、学習とワークショップを通して住民の声を集め行政に届ける活動をしていく動きが起きている（「出張『井戸端会議』」として開催）。学習会では、市職員から新総合計画の説明を受けたあと、大塚講師から市の財政状況を解説してもらう。その後、小糸地区の地図上で、公共施設や自治会館、医療施設等を確認しながら、地域で暮らし続ける

出張「井戸端会議」

井戸端会議でのワークショップ

ためにはどんな機能が必要か、地区にある施設をどう活用していくのか対話していく。

既存の住民参加制度として、例えば公民館運営審議会が、君津市では八公民館を三ブロックに分けて開催している。しかしそれとは別に、住民が学びを通して担当部署の職員へ納税者たる「市民」としての思いを届ける活動がこのように行われている。

こうした活動の背景として、会員たちがどのように力量を高めてきたか。筆者が関わってきた住民の学びの歩みを振り返りながら、社会教育労働について考えていきたい。

2　市民学習団体発足に至る経緯

子どもの教育への問題関心から家庭教育学級で教育財政を学ぶ

暮らし隊に結びつく財政に関する住民の学びの萌芽は、二〇〇八年度の君津中央公民館時代に遡る。当時、君津中央公民館では家庭教育学級の一つとして、年間テーマに基づいて系統的に学習していく学級を開設しており、筆者がその担当職員だった。

年間テーマやプログラムの検討においては、前年度学級生と準備会を開き、これまでの学びの振り返りと、身近な暮らしの話題や疑問を出し合いながら、共通した関心事項や取り組むべき課題は何か整理し決定していくプロセスを踏んでいった。半年近く時間をかけて話し合いと準備を進めた二〇〇八年度は、「君津の教育を知ろう」が年間テーマとなった。

子どもを育てている保護者として、「君津市はどれだけ教育にお金をかけているのだろう」という疑問から、全七回のプログラムのなかで、二回分を教育財政に関する学習とした。前編は、公民館における住民の財政分析活動（大和田流財政分析）[1]を参考に取り組まれた千葉県鎌ヶ谷市の大学生らによる市民財政白書『ザイバク計画二〇〇七—二〇〇八』をテキストに、学級生自らが分担して読み込み、財政に関する基礎的な理解を深めていった。後編は、教育部各課の副課長等から予算説明をしてもらうと共に意見交換を行った。

後編の回の冒頭で前編の学習の振り返りを担当した学級生は、発表準備にあたり、テキストだけでは理解しにくい「財政力指数と地方交付税の関係」について財政課に質問しに行くなど自己学習を経たことで、社会や暮らしの変化と財政との結びつきに気づき、関心が高まったという。

このような共同学習を通して財政に対する関心の高まりと継続的な学習機会が求められることになったが、二〇〇九年度に筆者は八重原公民館に異動となり、学級での次の学びの展開は後任に託す形となった。

君津市長選の争点と「はじめての財政学習講座」

二〇一四年度、君津市長選の争点となったのが「君津市の財政」であった。最も大きな要因が、市内の大手製鉄所の事務所が市外に移転することによる法人税減収であった。歳出面でも少子高齢化による扶助費が年々増加していくなかで、財政調整基金を切り崩して対応していたため、いつか貯金が底をついてしまうのではないかという不安感と、当時、君津市役所職員の人件費と国家公務員の人件費を比較した「ラスパイレス指数」が全国一位の数値と報道され、職員の給与に対する関心と誤解が広まっていった。このような状況から選挙の争点となった。

公民館で聞こえてくる会話からも、君津市の財政状況がどうなっているのか関心が高まってきていたことを受け、二〇一四年度末ではあったが三月に、八重原公民館公開講座「はじめての財政学習講座」を開催した。講師は、後の暮らし隊でも継続的に関わってくれている大塚教授だが、総務省等の自治体財政分析に関する研究会委員を歴任し、君津市でも行政改革推進懇談会委員を務めていたため、市の財政分析の講師に適任と判断し依頼した。なお、これまで君津市の公民館では財政に関する専門講座を開催してこなかったことから、財政課や行革担当課から講座を開設する経緯や、誰が講師を務めるのかといった確認の電話がくるなど講座への反響は住民以上に、行政内部からの問い合わせに見られた。

チラシの設置や君津市ホームページの掲載等、広く講座開催の周知を行いながら、君津中央公民館で教育財政を学んだ家庭教育学級生にも声をかけ、再び財政を学ぶ機会を得た。

講座では、住民にとって馴染みのない財政用語と決算の数字が意味する分析結果、君津市の財政上の問題点について解説してもらった。

講座終了後の参加者アンケートには継続学習を求める声が多く、講座への反響も含め、二〇一五年度に全六回にわたる財政学習講座の開催につながっていった。

経営改革下で住民が財政を読む力を身につける「財政学習講座」

当時、君津市の公民館を取り巻く状況はといえば、二〇一四年度の機構改革により経営改革推進課の設置に象徴されるように、「行政改革」から「経営改革」へと切り替わり、企業経営戦略である「選択と集中」を掲げた経営改革大綱とそれに基づく経営改革実施計画案が出された。そこには、「受益者負担の見直し」として、使用料・手数料の見直しを行うことや、「公民館・分館のあり方の見直し」として施設の必要性、利用状況、費用対効果等を考慮して〝廃止〟を含めた見直しを行うという計画が盛り込まれていた。さらに、少子化に伴い学校の統合を進めていく「学校再編プログラム」と公共ファシリティマネジメント推進方針とが結びつき、老朽化している公民館（八公民館のうち四公民館が築四〇年以上経過）の今後の整備として空き校舎を転用していく選択肢も加わるようになっていた。

君津市は千葉県内で二番目の市域をもつ特徴と、一九六〇年代に北九州市から大手製鉄所が進出したことで当時「民族大移動」と称されたほどの人口の大規模流入に対応するため急速に都市基盤や公共施設を整備してきたがそれらが一斉に更新時期を迎えていた。また、財政に余裕のあった時代に独自の施策により市民サービスを高めてきたものの、それらは経常収支比率を高める要因になっていた。

こういった背景のなか、公民館存続のための学びではなく、住民が財政を学び将来の負担も含めてこれからの地域には何が必要か納得感を持って判断していく力を獲得するために、財政学習講座「君津市の家計簿チェック―財政を読む力が身につく講座―」を開催することにした。講師は前年度講師の大塚教授の厚意もあり引き続き依頼することができた。

プログラムの構成は、講師と相談の上、新しい地方公会計に基づき、決算カードのほか四つの財政書類（貸借対照表、行政コスト計算書、純資産変動計算書、資金収支計算書）を使った分析方法を学ぶこととした。

①自治体財政の基本的な仕組み（決算カードをもとに歳入や歳出の基本的な項目の説明）

②君津市財政の実情（キャッシュフロー計算書を用いた分析結果）
③君津市の貸借対照表（貸借対照表の内容と解説をもとに君津市の資産を考える）
④君津市の行政コスト（行政コスト計算書の内容と解説）
⑤君津市における財政改革（君津市行政改革実施計画の解説）
⑥まとめ（君津市が抱える課題）

講座では、住民に加えて、市議会議員や大学生、市職員も参加し熱心に財政を学んでいく姿がみられ、その学びの熱量に応えるべく、筆者は毎回講義録を作成し、君津市のホームページで公開していった。これにより受講者にとっては講座内容の復習用として、講座に参加しなかった人・できなかった人にとっては自学テキストとして学習機会の提供になればと期待を込めた。実際、講義録は受講者から好評を得られ、口コミによって回数を重ねるごとに人数も増えていき、会場が満員状態になるほどだった。

毎回、講師とアンケートや受講者の様子をもとに理解度や講座の内容について打合せを行い、共有を図っていった。その結果、予定の内容を変更し、第五回では、現実に進められている市の財政運営や公共施設の再編について疑似体験するため、さいたま市職員が中心となって制作したワークショップ「公共施設再編シミュレーションゲーム」を取り入れることにした。ゲームでは変化する社会情勢に対応するべく、時間内に限られた予算と既存施設のなかで、将来を見越した対策を講じるため受講者たちは立場を越えて討議をしていった。さらに対策を講じた結果、果たして魅力的な町になっているのかという問いが投げかけられたことで、財政問題を自分事として考えられる大きな契機となった。

講座最終回、ある受講者からさらなる学習を継続したいとの声が上がり、自主グループの発足に賛同する受講者たちによって、暮らし隊の前身である「君津の財政を知りたい市民ネット」（略称、知り隊）が誕生した。ここには、君津中央公民館の家庭教育学級生も二名加わり活動がスタートした。

しかし、このタイミングで筆者が小糸公民館へ異動することになり、次年度以降、発足したばかりの自主グループの支援を誰が担うのかが問題となった。様々な要因が重なり後任者に団体支援を引き継ぐことの難しさを感じていたなか、グループ会員からも継続した関わりを求められたことから、活動拠点を小糸公民館へ移すことを会員の総意で決定した。

3　「君津の暮らしを考え隊」の活動の歩み

団体支援の風土が根付く公民館で活動開始

小糸公民館は、公民館運営の重点として地域の持つ力を育てることに力を入れてきた公民館である。団体の力を高め、元気になることで地域が動いていくことを歴代の職員たちが意識してつないできた蓄積によって、二〇一八年には優良公民館表彰を受賞している。

こういった背景があって財政を学ぶ住民団体の支援を筆者が担当することができた。その後、二〇一八年度には名称を現在の「君津の暮らしを考え隊」に変え、会の目的を、「暮らしの疑問を出発点に、君津市の財政状況をもとに、継続した学習と調査を通じて君津市の実情を知り、市民が君津市と暮らしのこれからを考えられることを目的とする」（会則第三条）とし、財政学習を通して、暮らしを考えていくことを活動の方向性として決定した。

暮らし隊の活動は冒頭記述したとおりだが、発足当時の二〇一六年は、「君津市公共施設等総合管理計画」の策定に関する市民説明会が各地で開催されていた時期であった。説明会では、全ての公共施設等を維持しようとすると年間一七・六億円足りない状況が明らかになり、年間三百億円ほどの財政規模の君津市において、生活に密着する公共施設・インフラの維持管理を今後どうしていくのか、施設の計画策定によって町が変わっていく転換期に、住民が財政を学び将来を考えていこうという意識がここで明確になっていった。

学びの輪を広げるための公民館との共催事業

暮らし隊の毎月定例の学習会では、会員の情報交換と大塚講師による財政学習、それらの内容をまとめた広報紙の編集作業が柱となっている。これらに加えて、小糸公民館と協働した講演会の開催に向けた検討が行われる。継続した学習のなかで明らかになった君津市の行財政の現状を学習課題に据え、会員外にも広く知ってもらい、新規会員の加入を呼び掛けていくことが講演会を共催する狙いである。

二〇一八年度は、十月に市長選挙を控えるなかで、一〇年前と今の財政を比較し、自由に使えるお金が少なくなってきている今、対策を講じる必要性を参加者で共有していくため、講演会「君津市の『財政』―気になるふところ具合、昔と今は？―」を九月に開催した。

二〇一九年度は、九月に市議会議員選挙を控えるなかで、改めて「公共施設再編シミュレーションゲーム」を導入し住民も立候補予定の議員も共に学び考える機会として、住民提案型協働講座「みんなで考えよう今後の市の施設―何をなくして何を残すの？―」を八月に開催した。
これらの開催にあたっては、公民館から財政課や行革担当課など関係部署へ事前に企画内容とその意図を説明することにも努めたが、日頃から暮らし隊の活動の一環で財政課へ会員らが質問にいくなどの取り組みやバランスシート探検隊への参加など、団体としての認識が持たれていたこと、大塚講師の存在も相まって開催に対する介入は見られなかった。

4　コロナ禍を切り拓く「君津の暮らしを考え隊」の活動

新型コロナウイルスの感染拡大により、君津市の公民館は二〇二〇年三月三日から六月二日まで休館となり、公民館の対面事業も、八月まで原則中止または延期となった。

公民館を利用するサークル・団体の構成員の多くは高齢者であり、新型コロナウイルス感染においては重症化リスクの高い年齢層である。休館や再開後の利用制限により、活動が停止した団体のなかには残念ながら解散をしてしまうことも相次いでいった。

暮らし隊の活動も対面での定例学習会はできなくなってしまったが、代わりに、連絡用に設けていたコミュニケーションアプリ「ＬＩＮＥ」のグループ内で、ビデオ通話を使用しお互いの近況を語り合い、情報交換とささやかながら学習を継続していった。

施設利用再開後には、二月に予定し延期していた自主講演会（「キャッシュレス社会について」）をいち早く実施し、会場である小糸公民館講堂の人数制限下の定員に近い四〇名以上の参加者がフィジカルディスタンスを保ちながら学ぶ場をつくりだした。このときの会場配置は公民館から感染対策を踏まえた提案をさせてもらい実施に至ったが、これがコロナ禍における小糸公民館の講演会場モデルとなった。

二回目の休館期間（二〇二一年一月一九日〜三月二一日）には、ＬＩＮＥのビデオ通話を再度使用したが、三回目の緊急事態宣言が出された五〜八月の定例学習会ではビデオ会議アプリ「Ｚｏｏｍ」を併用したハイブリッドでの会議を行い、休館（八月二四日〜九月三〇日）となった際には、Ｚｏｏｍでの完全オンラインによる会議を実施することができた。利用再開後、大塚講師の職場が遠方になり対面での参加が難しくなってしまうという事態にも、Ｚｏｏｍでのオンライン参加により引き続き関わってもらえるようになった。

こうした対応ができたのは、公民館事業として実施したＺｏｏｍの操作に関する学習機会によるところが大きい。二〇二〇年二月二四日に「初心者向けＺｏｏｍ体験会」を実施したことを皮切りに、二〇二一年度には初心者向けに「Ｚｏｏｍの使い方講座初級編」（六月二三日、三月二三日）と、主催者向けに「Ｚｏｏｍの使い方講座中級編」（七月一日）をそれぞれ開催し、コロナ禍でも学び続けられるための支援を行い続けた。

先に紹介した暮らし隊との共催事業（住民提案型協働講座）について、二〇二〇年度は実施できなかったが、二〇二一年度には、「私たちの暮らしの今とこれからを考えよう――コロナ禍での君津市財政を手がかりに――」をテーマに開催し、新型コロナウイルス感染症対応地方創生臨時交付金がどのように使われているのかを明らかにしていきながら、今後の負担について考えていく学びを進めていった。この講座の開催にあたっては、対面とオンラインを併用し、Ｚｏｏｍの学習（初級編）とセットにする形で三月二一日に開催した。

ハイブリッド開催となった住民提案型協働講座（2021 年度）

なお、筆者はこの翌日より現在の小樽公民館に異動となり、暮らし隊の団体支援をいよいよ後任に委ねる形で、活動には間接的な関わりへと変化することになった。

5　住民の学びを支える社会教育職員としての役割

財政学習に関わってきた一四年は、筆者自身の公民館経験年数とも重なる。住民団体発足後は、会員自らが新たな学びを広げていくプロセスを大事にし、定例学習会における話し合いの記録化（Facebook での発信）やその環境づくりとしてコロナ禍にあってはオンライン環境の導入に努めてきた。また、様々な行政機関への橋渡しの役回りも担ってきた。

本章では、筆者が関わった学びの一端しか触れることができなかったが、暮らし隊の会員それぞれが異なる生活背景を持ちながら公民館と出会い、複数の社会教育専門職員(2)

と様々な場面で関わってきた歳月も含め、育ち合いのなかで力量を高めてきた。

家庭教育学級から共に学び続けてきた住民の一人は、職員の関わりを次のように述べている。「公民館の学びは学校と違って、みんな自分の家庭で生活や仕事をしながら続けている。だから、生活実感があってすごく貴重な反面、みんな忙しいなか、必死に時間をつくって学んでいる。だから職員さんは、決して押しつけない。あえて、あくまでも、ご自身の素朴な疑問のひとつだという形で、私たちに選択肢を与えてくれて、自分で学びを深めていくやり方を選ばせてくれる。主体者はいつも私たち。私は、こういう職員さんといっしょに学べることを誇りに思いました。専門職員の方の、さりげない発言の奥にある社会教育に対する情熱と同じ熱量で私たち住民も、学び合える場を作っていきたいと思いました。こうした『学び合い』は、じわじわと着実に職員住民双方の考えと行動に影響を与え合い、共に人として変わり続けてこられたように思えます[3]」。

刻々と変化する君津市の現状を共に学び対話していくなかで、新たな気づきや疑問が生まれ次の学びへと発展してきた。その活動を支える筆者自身もまた、社会教育職員であると同時に自治体労働者であり、同じ自治体に住む一人の生活者であることを強く意識させられながら、成長させてもらってきた。

学びと活動の循環を通じて、暮らしを切り拓く力を高めていく社会教育にあって、社会教育職員としての役割に筆者は次の3点に重点を置いている。

①学びへの目的意識を明確にする

住民は学びの「対象」ではなく「主体」であるという前提に立ち、生活上の課題と社会の変化や構造的な問題との結びつきをいかに自覚できるか。学びへの目的意識が明確になっていくことで、住民が学びをつくっていく主体になっていく。

②共同学習の組織づくり

コロナ禍で「集う」ことへの警戒感が高まり活動が停滞するなかで、コロナ禍以前から課題であった関係性の希薄化がより深刻化している。一方で、つながることへの再認識や新しいつながり方を経験する機会にもなった。

ライフスタイルの多様化によって生活背景を異にする住民が集まれば、意見の相違も当然起こる。その違いを受け止め合いながら、物事を多角的に捉えていくことで学びの広がりと深まりが生まれてくる。それぞれの強みを生かし、弱いところを補い合いながら集団としての力が高まっていくことが、今後も必要である。

③継続的な団体支援

学びをつくっていく集団ができて終わりではなく、むしろ始まりである。特に、現在のような社会の転換期において、団体の継続的な活動には、公民館をはじめとする公的社会教育機関の支援が一定程度必要である。団体としての自主性・自発性を尊重しながらも持続可能な運営や活動の発展に向けて、会員の話を丁寧に聴き、共に知恵を出し合っていきながら団体の弱いところを補っていく「支援」は必要と思う。こうした側面的支援を通じて、権利としての学びの自由を保障していくことが公的社会教育の役割である。

これまでにない社会変化のなか、公的社会教育に携わる自治体労働者として、分断や孤立、格差が生まれやすい状況にある現実を敏感に受け止め、人と人がいかにつながっていけるか、その先にゆるやかでも共同して学んでいける集団が築いていけるような手立てと見通しを、これからも持ち続けたい。

（會　澤　直　也）

注

（1）大和田一紘編『市民が財政白書をつくったら…』自治体研究社、二〇〇九年。
（2）君津市では社会教育主事有資格者の別枠採用制度をもち、生涯学習文化課及び公民館への配置を原則としている。
（3）村林美代子「生きることは、学び変わること―私と社会教育の一二年史―」『月刊社会教育』二〇二〇年四月。

第11章　公民館づくりをすすめる職員の学びと励まし合い

1　学ぶこと、励ますこと

西東京市公民館専門員の身分と役割

この仕事に就いて十一年目になる。その間二回「雇用止め」となり、最初の採用試験を含めると三回採用試験を受けたことになる。

二度目の試験の時は利用団体との懇談会が重なっていて、その合間を縫い、時間休暇を取って試験を受けたこともある。非正規労働者はつらいよ…。やれやれである。

対する面接官はさっきまで一緒に働いていた正規職員であり、「長所と短所は何か」を言うように促された時は、非正規雇用である自分の身分をいやというほど思い知らされた。

採用当時は嘱託員と呼ばれ、現在は会計年度任用職員と呼ばれている。

一日の勤務時間が七・五時間。週四日勤務。給与は、月一七万二八〇〇円。手取り一三万円程度。俗に言う「官制ワーキングプア」である。「月給制なだけマシ」と言う人もいる。

そのような立場だからこそ、専門員同士は団結して自分たちの仕事を守らなければという、暗黙の了解で結ばれているところもあるのかも知れない。そのためか、今どき珍しく西東京市公民館専門員二四名中二二人が西東京市職員労働組合の組合員である。

私たちの仕事は、市内にある六館の公民館の窓口業務と講座の実施。主には利用者登録、備品の貸し出しと管理。窓口での教育相談などを行う。そして西東京市公民館事業計画のもと、自分で企画した講座の実施。その中には「障がい者青年教室」や学習支援保育も含まれる。西東京市は、公民館無料の原則を貫いているので業務として、やっかいなお金の出し入れがなく、大変助かっている。そして、市民の学習を無料で保証し続けることの大切さを日々感じながら働いているわけである。

私の昨年度の講座実績は五講座一四回。講座参加者数は延べ二四〇人だった。コロナ禍のためそもそもの定員が通常の半分程度に抑えられているので、人数的には多くないが、親子講座（ネイチャークラフト）、現代的課題を考える講座（不登校の問題）、人権講座（子どもの権利を考える）、高齢者対象講座（在宅ひとり死のススメ）、地域講座（瞽女唄（ごぜうた）が聞こえる）、を実施した。その他、新事業として小中学校出前講座、平和講座「私たちの住むまちにあった戦争」を企画提案した結果、市内の小学校三校からリクエストを頂き、各学校に講師とともに出向いて講座を行った。こちらは三回、受講者二〇三人なので、計四四三人に受講していただいた事になる。

事業をほぼ一人でこなすのだから、まあまあ費用対効果は良い方なのであろう。コスパよし！　というわけだ。

私の勤務する保谷駅前公民館は、西武池袋線保谷駅に直結した公民館であるため、緊急事態時の帰宅困難者の受け入れ施設でもある。防災時にもいち早く駆け付け帰宅困難者の受け入れを行うのも私たち公民館専門員の大切な仕事である。

障がい者青年学級担当者研修部会の学びから得たもの

私は二〇一二年四月～一八年三月までの六年間、田無公民館の障がい者学級「あめんぼ青年教室」の担当として、東京都公民館連絡協議会「障がい者青年学級担当者研修部会」にも参加してきた。そこには、多摩地域一〇市の障がい者青年教室の担当者が集い、正規職員も非正規職員も分け隔てなく、各自治体公民館の青年学級の抱えている問題点などを出し合い、予算内で年に一回外部から講師を招き研修を行っている。私が在籍していた二〇一六年には辻浩に講師をお願いし「障害者差別解消法と、障がい者施策の動向」について話していただいたことを思い出す。この会には新人もベテランも関係なく自由に意見を出し合い、研修の内容や誰が講師に依頼するか等、みんなで決めていく文化が根づいていた。そして、年に六回集まるなかで、大変な事業であるが故に、行政区を超え情報交換し合い、励まし合い、そして意義を確認し合うといったソフト面を大切にする雰囲気があった。

西東京市の専門員研修でも、この会の雰囲気をモデルにして六館（中央館一館、分室一館、分館四館）の専門員で研修担当会議を持って年に六回研修を催してきたが、正職員の異動と共に、なくなっていった。

非正規労働者としての学び、労働組合員としての結びつき

また、見逃せないのは西東京市の公民館専門員二四人中二二人が西東京市職員労働組合（以下、市職労）の組合員であることだ。今どき、新規で市に採用される正規職員はほとんど組合には入らないらしい。私たち非正規労働

者は会計年度（一年）契約の職員であり、いつ雇用止め（首切り）されるか分からない存在だからだと思う。

幸いなことに市職労は今のところ公民館専門員の存在を高く評価している。また、市職労として東日本大震災の被災地である福島県新地町への継続的支援を田無公民館の「まつり実行委員」の市民や職員、専門員と一緒に今も行っている。コロナ禍でも公民館職員、専門員、公民館運営審議委員有志でメッセージCDを作って新地町に送るなどの活動を公民館と市職労との共同で続けている。

西東京自治研センターとしての活動も盛んで、市民との協働をテーマに、市民と共に学び活動する人材育成が求められているという意識を持って、日常的に活動している。私も自治研センターのメンバーである。市民と一緒につくりだした環境保全のためのお祭り「アースデー」を始め、東日本大震災の復興支援、子ども食堂支援、子どもの居場所づくり支援、西東京市子ども条例の普及活動、高齢者のための西東京市版地域包括ケアシステム「医師、看護師、ケアマネージャー、介護福祉士など多職種連携で在宅療養の推進、地域づくり」などを提案し、市民と協力して実現してきた。市民と共に暮らしやすいまちづくりを進めることこそが自治体職員の労働組合の役割であると考えているからだ。

こうした組合を通しての学びや活動は、私たち非力な専門員を励まし、支え続ける原動力になっている。何といっても、活動が有意義で楽しいのである。働く仲間として具体的につながっている実感は、大きな励ましになっているのだと思う。

2　市民と共に学び、歩む

"西東京わいわいネット"の仲間たちと共に

私が働いている西東京市は東京の多摩地域の東の端に位置する人口二〇万人の市である。都営住宅の戸数が多く、多摩三〇市町村中で貧困家庭率は六番目と非常に高い。講座「子どもの貧困に向きあう地域をつくる」を八年前に企画したのは、私自身も西東京市民であり、日頃、生活者として感じている思いをそのまま講座にしてみたかったからだった。

チラシのリード文に「自分に何ができるかを考え合う講座です」と書き、教養講座でないことをはっきり伝えた。自分でチラシを見て、タイトルと内容の地味さにため息をつき「五人申し込みがあれば良い方だろうな…」と苦笑した。ところが、募集が始まると、二〇人の定員をはるかに超え、その日の内に五〇人を超えてしまった。また、驚いたことに現職の市議会議員五人の名前があった。抽選の結果、半分の応募者を断らざるを得なかった。そのため、二〇一五年の一〇月に「パート2」と題して続編を行うこととなった。全五回の一回目の講師は、「しんぐるまざーず・ふぉーらむ」代表の赤石千衣子。急速に進行する、子どもの貧困の背景にある母親の労働条件の悪化。派遣労働・契約労働・パートという低収入、不安定労働の実態とその結果もたらされる貧困。母親のダブルワーク、トリプルワークの実態を事例をもとにリアルに学んだ。そして貧困は自己責任ではなく、構造的な問題だということを共有した。二回目は西東京市生活福祉課の当時主幹であった五十嵐正仁に西東京市の生活困難者支援プログラム、ニート・ひきこもり対策事業などについて話してもらった。

この事業は、ＮＰＯ法人「文化学習協同ネットワーク」に事業委託して全国に先駆けたものとなっているということだった。参加者の感想には「西東京市の素晴らしい取り組みを知り、市民として協力したい」といった感想が多くあった。三回目はすでに、子どもの貧困に向きあう活動をしている四団体の話を聞いた。市内の児童養護施設ヨゼフホームの当時副施設長（現施設長）鹿毛弘通から養護施設の子どもたちの様子を聞いた。子どもたちはいたって普通であること。怖いのは外の大人たちの偏見。ただ、一八歳になったら施設を出なくてはならないため、住むところを探さなければならない厳しい現実についても語られた。

市内の学童クラブや児童館の運営を受託しているＮＰＯ法人「子どもアミーゴ西東京」の小松真弓からは西東京市が学童クラブの順次民間委託化を打ち出した時、ならば自分たちで請け合おうと、学童クラブ父母会役員の親たちが理事になってＮＰＯを立ち上げ、西東京市から受託した経緯が話された。無料の学習支援を先駆的に始めたＮＰＯ法人「稲門寺子屋西東京」理事長の小嶋弘からは、経済的理由で塾に通えない子どもたちにパーソナルで高校受験の勉強の手伝いをし続けているという話をうかがった。勉強の習慣が子どもたちに身につくことを目的に活動を続けていると話された。ＮＰＯ法人「文化学習協同ネットワーク」の高橋薫からは、西東京市の若者自立支援事業「Ｗｅ」の活動の紹介と子どもたちが求めている支援について、合宿で料理をみんなで作って一緒に食べるなかで、若者同士の気持ちがほぐれていった様子が話された。四回目は一〜三回に参加して感じたことを参加者同士、グループに分かれて話し合った。

最終回はＮＰＯ法人「文化学習協同ネットワーク」理事長佐藤洋作の話を聞いた。まずは「子どもの貧困を食い止めることが急務であること」そして「同じ地域に住む大人としてどう行動するかが問われていること」「ここに参加している者それぞれが自分の問題として考えること」が話された。「講座終了後みんなで、自分たちに何ができるかを考え合うように」と促され講座は終了した。

毎回感想カードに書かれる内容から参加者のやる気と熱気を感じとった私は、間をあけず次の週の土曜日、次々週の土曜日と続けて事後の会を用意してサークル立ち上げの準備をした。「しんぐるまざーず・ふぉーらむ」の赤石は西東京市民でもあるので事後の会にも参加してくれた。そして二〇一五年三月二一日「西東京わいわいネット」が誕生。田無公民館の地下実習室で月に一回子どもたちと一緒に料理して一緒に食べる「わいわいクッキング」を行うことを決めたのだった。そしてこの講座の受講者がそれぞれの住む地域でも五カ所子ども食堂を作り、一気に六カ所の子ども食堂が生まれたのである。現在西東京市内には二〇カ所あるが、この時が初めて西東京市に子ども食堂が生まれた瞬間だった。そして西東京わいわいネットのメンバーの奨めもあって私も一市民としてわいわいネットの会員となったのだった。

コロナ禍で何をするかを考えた

それから五年間一度も休まずに「わいわいクッキング」を続けてきた私たちの前にコロナが立ちはだかった。二〇二〇年三月のコロナによる緊急事態宣言発出以来、公民館は閉鎖となり「わいわいクッキング」の開催ができなくなってしまった。コロナによって職を失ったり、バイトができなくなったりした子育て中の親御さん、とくにシングルマザーのために何かできることはないかとメンバーたちは考え、話し合いを続けた。そんな中、東京都から補助が得られることを知り、私たちはフードパントリーを行うことを決めた。

二〇二〇年一〇月六日を皮切りに二〇二一年六月二六日まで、毎週水曜日の一九時～二〇時、土曜日の一五時～一六時、週二回合計七三回「わいわいフードパントリー」と名付けて、ひとり親や生活に困っている子どものいる家族に食料を配布した。毎回一〇〇人近い利用者があり、会場の前には行列ができた。全体で延べ四八四七人の利用があった。

田無駅南口すぐの、閉店していた青果店の店舗を借りて行ったのだが、閉店した店の掃除も大変だった。傷みがひどかったので、内装屋さんに頼んで修理もした。「ここで困っている子どものいる家庭に食料を無料で配るのだ」という使い方を話したところ、格安で直してくれた。「わいわいフードパントリー」と書かれた大きな横断幕を作ったところ、市役所の生活福祉課の職員が脚立を持って駆け付け、看板の取り付けを手伝ってくれた。

お米を中心に、インスタントラーメン、パスタ、レトルト食品、缶詰、お菓子、雑貨、ドリンク類などを用意した。子どものためにお菓子のつかみ取りコーナーを設けたり、文房具やアクセサリーのコーナーを設けたりするなどお楽しみのコーナーも作った。

行列のできるフードパントリー

初日、利用者は「西東京わいわいネット」がコロナ前に田無公民館で行っていたわいわいクッキング（子ども食堂）に参加していたメンバーが主だったが、場所が駅前の一等地ということもあり「何をしてるんですか？」と訊ねる人が増え、二週間ほどして、他の子ども食堂仲間からもカップ麺やお菓子が大量にもらえるようになってから

大行列のわいわいフードパントリー

は、「いいものがたくさんもらえる」「行くと楽しい」と評判になり、行列のできるフードパントリーとなった。市職労からも退職した保育士さんたちが手づくりしてくれたおもちゃやマスク、上履き入れなどが届けられ、温かな子どもの居場所になっていった。

そしてコロナが長引くに従って、仕事を失う人、こもりがちになる人が増え、フードパントリーの日を楽しみにしている人たちが増えていった。道行く人たちのなかから、募金の申し出があったり、お菓子を寄付したい、自分の畑で獲れた野菜を寄付したい等の嬉しい声が寄せられ、募金用に大きなブタの貯金箱も用意した。パントリーを手伝いたいという学生も多く登場し、西東京わいわいネットのメンバーは、品物を集めたり並べたりする裏方にまわり、接客の仕事は学生に任せるようにしたところ、オンライン授業中心で寂しい思いをしていた学生が大勢集まって来て、手伝いを、お断りせざるを得ないこともたびたびあった。

市職労のメンバーは子ども用の手づくりアクセサリーな

学生スタッフと西東京わいわいネットの岸田久恵代表（中央）

ど、心のこもった温かい寄付を絶え間なく届けてくれた。

クリスマスが近づくと、市職労のメンバーがサンタクロースやトナカイのぬいぐるみを着て子どもたちにプレゼントを渡してくれた。子どもたちは「あっ館長だぁ」と言って喜んだ。家で美味しい料理を食べて過ごすクリスマスは本当に幸せなのだと思うけれど、こうしてよくわからないサンタやトナカイにプレゼントをもらってみんなで過ごすクリスマスもまた味わいがあると思った。

わいわいフードパントリーは、子どものいる家庭への支援という目的を超え、オンライン授業で人と接する機会のない学生の参加や、道行く人たちの優しい寄付もあり、多くの市民や若者の活動となっていった。そして何より、お母さんやお父さんたちの癒しの場所となっていったのだ。

利用者のアンケートより

二〇二一年六月二六日に惜しまれながら幕を閉じた「わいわいフードパントリー」。利用してくれた方たちがアンケ

クリスマスプレゼントを配る、市職労西東京自治研センタースタッフのサンタとトナカイ

ートに書いてくれた一部を紹介する。

「ひとり親の我が家にとって生活費を削る時には食費を削りがちになりますが「フードパントリー」のおかげで、食費を削ることが少なくなり大変助かっておりました。また、お菓子は買ってあげたくても我慢させることが多いのですが、お菓子も好きなものを選ばせて頂け、子供たちもいつも参加するのが楽しかったようです」

「シングルになってすぐにコロナ、子供の心もゆれるし食費は…。その中で食品提供はとてもありがたいです。子供も、ふだんとちがうジュースやお菓子が嬉しかったようです」

「パート勤務が減ってしまい給料が少なくなってしまったのでお米は非常に助かりました。最初戸惑いましたが利用して良かった。ありがとうございました」

「本当に家計に助かりました。夫の体調が悪く、家計を一人で担ってきたので、家計と共に精神的にも救われました。お手伝いの学生さんたち、ありがとう」

「私の家庭はシングルマザーで子供が二人いてコロナの影響もあり仕事が出来なく、色々な食材を頂けることはとても、とても助かりました。このような取り組みをしていただけた事にとても感謝しております」

「いつもありがとうございます。とても助かっております。シングルで働いていると、色々な活動参加は難しいので、『フードパントリー』という形で支援していただき大変助かっております。支援している方もとても明るく、いつも楽しみにしていました」

「生活に潤いが出来ました。このままずっと続けていただきたいです」

「食料や必要なものだけでなく、行く人、子どもが楽しくなるような物や事柄なども提供していただきありがとうございます。毎回子どもが行くのを楽しみにしており、このような状態でなかなか楽しみを作ってあげられないので、本当に感謝しております」

「昨年度から頻繁にお世話になっています。いつも温かく迎えて下さり、安心できる場所でした。感謝の気持ちでいっぱいです」

このように多くの声が寄せられた。子どもを真ん中に置いて、温かいまちづくりを展開していくことの一歩が踏み出せたのだと感じている。公民館の学びがまちをつくっていくことを実感した。そして、アンケートを書いてくれた人たちの声こそが、私たちわいわいネットのみんなの学びとなったのだ。

3　公民館の学びの多様性

若者と学び、活動をつくる

二〇二二年八月二八日から三回連続で人権講座「子どもの権利を考える」を実施。この講座は、中学生から大学生までと大人をグループに分けて実施した。まず「子どもの権利条約」を学びその理念を反映する形でつくられた「西東京市子ども条例」の内容を前・現西東京市子どもの権利擁護委員の二人の弁護士に解説してもらった。三回の講座の最後に、今後一年かけて「西東京市子ども条例すごろく　マジか！」をつくり子ども関係の施設に無料でくばろう！　と決められた。当面、若者グループはすごろく盤づくりをすすめ、大人チームは子どものつぶやきを集めた「マジか！カード」作りのために子どもたちの声を丁寧に集めることになった。

このすごろくは条文カード、マジか！カードを用意し、サイコロを振ってコマがキラキラに止まったら条文カードを読んでキラキラボールがもらえる。マジか！に止まったらマジか！カードをめくって子どものつぶやき、例えば「行きたくなかったら行かなくていいって言うから本当に行かなかったら怒られた」（これはすでに寄せられた本当の声）のように、子どもが理不尽に感じた声を読み上げ、みんなで「マジか！」と声を合わせて共感するといったものだ。遊びながら西東京市子ども条例の条文を知ることができる優れものとなる予定である。

これも「西東京わいわいネット」のメンバーが買って持ってきた「関西子どもの権利ネットワーク」が制作した「子どもの権利　なんでやねん！すごろく」を使って、子ども食堂に来る子どもや若者たちが遊んでいるうちに「せ

子どもの権利条約を学び、西東京市子ども条例すごろくづくりを進める中・高・大学生と講師の野村武司弁護士

っかく西東京市には素晴らしい子ども条例があるのだから、西東京市版のすごろくがほしい」とつぶやいたことから始まった企画だ。完成まで受講者みんなで力を合わせていく、今後のプロセスも楽しみだ。

若者の就労支援に向けた学び

人権講座終了に合わせて、社会問題講座「不登校の子どもたちと共に歩む社会」全五回が始まった。一回目の講師長谷川俊雄（白梅学園大学教授）より「子どもの時間を奪わない居場所の存在」の重要性が提案された。二回目の講師高橋薫からは西東京市のニート・ひきこもり対策事業「Ｗｅ」に集う若者たちの様子を聞いた。講座の当日には「Ｗｅ」の二〇代のメンバーが二人参加してくれた。一人が「同世代の人がこわい。自分は学校から逃げ出した。逃げずにいる人たちがこわい」と発言した。すると会場にいた不登校経験のない若者たちから共感する発言が相次いだ。私は、彼らが、本当に幼いころから分断されてきたことを生の声から感じた。その声は私の心を揺さぶった。講座参加の大人たちも同じ思いだったと思う。

また、もう一人の「Ｗｅ」のメンバーは「風のすみか（文化学習協同ネットワークが運営するパン屋）で販売の実習をした時楽しかった。働いてみたい」と発言した。何とか彼らの希望を叶えることは出来ないか…。一緒に働けるカフェづくりに向けての学びを現在模索中だ。

今、何に向かって学ぶのか

コロナ禍でいっそう顕在化した、格差と貧困。分断されていく人びと。

私はしがない非正規の公民館専門員にすぎない。けれど「自分たちの住むまちを豊かにしたい」「弱い人を切り捨てる社会では幸せにはなれない」と感じている市民が必ずいることを講座参加者から学ぶことができた。

その向こうがわに素晴らしい社会があるなどとは思っていない。今、目の前にいる人たちと、自分たちは何がしたいのかを語り合い、一つずつ実現していくための、励まし合いと、学びを日々つくり出していく。それが自分の仕事だと考えている。

（松　永　尚　江）

第12章　学びを基盤にした住民と職員と議会

1　社会教育との出会いと学び

公民館は「駆け込み寺」

私は二〇一三年三月に、二五年間務めた埼玉県の所沢市役所を退職し、人口六〇〇〇人高齢化率三六％の長野県下伊那郡阿智村に移住した。村の保健師として八年、民生課長として二年目を迎え二〇二二年度末で定年退職となる。

私が阿智村に移住した理由は「住民自治はどのようにして成熟していくのか」という関心と、それにかかわる「自治体職員（保健師）の役割」を阿智村の村づくりから、職員として、そして住民として学び探求したかったからである。

私には自治体職員（保健師）として大事にしてきたことが三つある。一つは、「自分の仕事は常に目の前の一人の住民から始まる」ということ、二つ目は、「解決のための答えは、必ず住民の中にある、迷ったら住民に聞く」ということ、そして三つ目は、「住民自治が成熟する基本は『学び合い』と『話し合い』にある」ということである。

自治体職員、特に地域づくりに関わる保健師や公民館職員の仕事の決め手は、地域にどれだけ豊かな「学び合い」と「話し合い」をつくり出せるかにかかっていると思う。これほど低コストで確実に地域を良くしていく仕事はない。儲けにつながらない仕事だからこそ、自治体ができる夢のある仕事だ。

前述した三つのことは、すべて社会教育から学んだ。そしてそれは保健師としての私の基本姿勢になった。新人二年目の年、関わっていた一人の介護者が、介護と家事と農家の仕事で過労死してしまった。落ち込んでいたとき、『月刊社会教育』に茅ヶ崎市の公民館の鈴木敏治の書いた「人と人とをつなぐ」という記事に出会い、私は茅ヶ崎市の公民館を訪ねた。彼の住民と関わる姿を目の当たりにするなかで、事業とは、住民のなにげない言葉や暮らしの中から生まれることを学んだ。元気を取り戻した私は、公民館に相談した。一緒に講座をつくり、介護者が先に逝ってしまう現実をなくすために、介護者の実態を学びあい、当事者と住民がつながり「三ヶ島在宅介護の会」が生まれた。

迷ったら住民に聞く、困ったら公民館職員に相談する、そうすると大抵のことは何とかなった。所沢で五年目の頃、脳卒中で片マヒになった働き盛りのMさんが「自分をだれも知らない旅先なら散歩ができるのに、家のまわりは近所の目が気になって外にすら出られない」とつぶやいた。「Mさんが、地域とつながり直すための新しい出会いや居場所を一緒につくって欲しい」と公民館に持ち込んだ。所沢の「地域リハビリ交流会」はこうしてはじまった。私はリハビリ交流会を通して、当事者と地域住民と職員で行う「準備会」の大事さを学んだ。月一回の交流会のために、月一〜二回行う準備会は、本番以上に学びを深めた。準備会で、地域の課題や住民の暮らしが一層リアルになり、事業の質は格段に上がっていった。

自治体職員の最大の武器は「憲法」

仕事をしていると、いろいろな場面で判断を迫られ、迷うことがある。そういうときに私を導いてくれるのは日本国憲法だ。もし社会教育に出会っていなければ、憲法を深く知ることもなかったと思う。初めて憲法の話を聞いたのは新人研修だった。「私たち公務員は日本国憲法の実現を目指し、その中でも保健師は、憲法二五条を基本に据えなければならない。住民の生命と暮らしに寄り添う保健師は、声なき声の代弁者とならねばならない。二五条の「すべての国民」、さらに一五条の「全体の奉仕者」とはそういうことである」とベテラン職員が熱く語っていたが、当時の私にはまったく理解ができなかった。

「法律には抵触するかも知れないが最高法規である憲法には触れず」と、医療費無料化を実現させた沢内村の深沢晟雄村長の姿は、私に勇気を与えた。島田修一元所長と出会い、社会教育・生涯学習研究所で学ぶなかで、憲法が血や肉となっていった。ホームレスの巡回訪問で「ホームレスは住民か?」と問われたとき、保健師業務が医療費削減政策へ偏重していくとき、事業がサービスと呼ばれるようになり住民自治が後退していくなかで、憲法は私に自治体職員としての歩む姿勢を示してくれた。

自治体職員が元気を失うときは、誰のために仕事をしているのか、分からなくなるときではないだろうか。住民の幸せのための仕事だと確信がもてれば、多少辛くても耐えられる。しかし現実は国民に負担を強いる国政の代弁者として働かせられる仕事も多い。それでもやらなければならないことであるならば、住民の不利益を最小限にとどめる最後の砦としての役割も大事である。その最大の武器となるのが、日本国憲法だと私は考えている。

2　学びを基盤にした阿智村のしごと

村民との協同は「夜間」につくられる

阿智村に移住してまず驚いたのは、とにかく夜の仕事が多いことだ。学習会や地区組織活動のほとんどが夜なのである。村では五六集落を年一〜二回、保健師が巡回する「健康全員常会」という学習会がある。各集落二〇名程の村民が集まるのだが、多い年は村の約四割の世帯が参加した。本事業は、私が移住する前から、特定健診の受診率を上げるために、岡庭前村長が保健師に命じてはじまった。「最初は慣れないなかで苦労したが、しだいに住民と膝を交える学習会にやりがいを感じてきた」と保健師たちは話す。五六集落を年二回まわると一年で一一二日は夜の仕事になるわけで、かなりの負担だが、当たり前のようにこなしていた。以前、若い保健師が全国保健師活動研究会に参加したとき、住民の参加が少ないと悩む他の自治体の職員に対して、「どうして昼間やるのですか？」と不思議そうに質問していたのがおかしかった。

多くの自治体では、時間外に住民と会合をもつことはあまりない。たしかに全ての住民を対象とするならば夜の会合は必然なのだが、そういうことにはならないのが普通だ。しかし、ここ下伊那地域、特に松川町や阿智村では当たり前のように夜の健康学習が行われてきた。これも社会教育の影響なのだろうか。

実際職員の立場になると、労働者としての権利との狭間で苦慮する現実もある。村の職員は、住民に頼りにされていることを身近に感じているためか、自分たちの権利をあまり主張しない。時間外が増えれば財政を圧迫することも承知している。どうしたらこの悩みを解決できるのか、これは村の発展にかかわる問題であり、自治体の労働組合の真価が問われる課題でもある。

地域に話し合いをつくる「保健計画づくり」

阿智村に就職して最初に課せられた仕事は、保健計画づくりであった。村には、住民の健康実態を知る資料も課題も方針も、整備されていなかった。まず、話し合いの資料づくりのために、村の保健統計を職員みんなで整理した。次に、策定作業をすすめるために準備会を開いた。団体代表や関係機関、当事者に集まってもらい、計画の柱や策定メンバーの選定を行い、五つの分科会をつくることになった。分科会では課題を自由に話し合った。話し合いの記録は保健師が毎回テープを起こし、次の話し合いの資料としてまとめた。この作業を繰り返すうちに、必要な調査内容もまとまっていき、住民の率直な疑問を土台にした調査票が出来上がった。調査は保育園や学校、保健委員や消防団、高齢者クラブ、民生委員などが調査票の配布から回収、訪問での聞き取りなどに協力してくれた。村民の三割強が健康調査に参加した。

総勢九〇名の分科会メンバーは、二年間で五二回の話し合いを重ねながら、実態を明らかにし、最終的に、三五の新しい取り組みが提案された。二〇〇一年、第二期の計画を作り直し、「あち健康プラン」は村の健康づくりの指針として、第六次総合計画の一つの柱として推進している。自治体の計画づくりは、村の課題を明らかにしていく、住民と職員の共同作業なのである。

阿智村庁舎

村づくりの意欲を高める「保健福祉審議会」

二〇二二年度私は「健康福祉施設のあり方」を検討する保健福祉審議会を立ち上げた。以前から高齢者住宅の問題、特別養護老人ホームや福祉企業センターの建て替え、放課後等デイサービスや子育て支援施設の新設、プール施設や災害時の福祉避難所のあり方等、民生課が所管する施設について、多くの課題がそのまま引き継がれ、とうとう建て替え時期の限界を迎えてしまった。それぞれの施設からヒアリングを行ったが、どの施設についても村の福祉政策全体の将来ビジョンがなければ、答えを出すことができなかった。

建てるのか修繕するのか、統合するのか、空き施設を再利用するのか、それとも廃止するのか等の方針を決めるということは、建築物の問題だけではなく、これからの阿智村の福祉施策をどう考えていくのかという問題である。少子高齢化がすすみ、担い手も減るなかで、高齢者だけ、障がい者だけと分野別に考えるのではなく、地域まるごとの福祉施策を考えていかなければならない。

そこで、村内すべての福祉施設の職員や利用者、当事者や長年村の福祉に関わってきた識者などで構成する審議会を立ち上げ、村の将来ビジョンを描くことにした。村長の諮問機関として答申を出す。助言者に日本福祉大学の協力を得て、本部会の他に四つの分科会、生活の場、仕事の場、通いの場（要支援者）、通いの場（健康づくり）を設定し、現在四〇名の委員と一〇名の職員で、月一～二回の分科会と三カ月ごとの本部会を開催している。

K委員から「今の阿智村は、閉塞感がある。これはコロナの影響だけではないと思う。だから分科会では、ゼロから出発して欲しい。思いのありったけをみんなで語り合うことからはじめたい。村が方針をつくってそれを検討するようなやり方は絶対にして欲しくない。まずは、みんなで自由に話し合うことが大切ではないか」と、分科会の進め方について意見があった。提案どおりに、分科会では自由な話し合いがすすめられている。

二回目の本部会では、各分科会から進捗状況や、明らかになってきた問題点などが報告されたが、どの分科会も「現場や当事者からの生々しい実態が語られ、どのように整理すればいいのかまとまらず、非常に混乱している」という様子が、三時間にわたり報告された。しかし、実態を明らかにしていく話し合いに時間をかけたことで、解決策を模索するための課題が少しずつ明確になり、施設のあり方の方向性もぼんやり見えはじめてきた。自由な話し合いが、具体的なビジョンづくりへのステップをつくっていくことを、H委員は次のように発言された。「こうやってみんなが自分の思いを言葉にして発信することはやっぱり大事だ。この会に来て静かに時間過ぎないかな、早く終わらないかなと思っている人は一人もいない。色々な思いがありながら、どうにかしなければと、村の将来をみんなで真剣に考えて議論していることが、僕は嬉しい」

私は今回ほど、村民の言葉が村づくりのエネルギーに変化していくことを感じることはない。それは「このまま自分たちが何も発信しなければ、この村はどうなってしまうのだろう」という村民の危機感の表れのようにも見える。住民の意識に火をつけてしまったからには、最後まで住民と共に歩む覚悟が、今の自分に突きつけられている課題だ。

住民の目が輝く会議、終了後も残って語り続ける情熱に、一番影響されたのは職員ではないか。事務局の一〇名はほとんどが事務職であり、住民と話し合うという経験のない若手が半数である。「質問されたら、どう答弁すればいいのですか？」「苦情や要望が出たら、どう対応すればいいのですか？」と最初は不安も大きかった。事務局会議を開き、職員同士で思いを話し合える機会をつくった。そんな不安の声に応えたのは、健康プランを住民と共に策定した保健師だった。「住民のみなさんが答えてくれるから、職員が答弁することなんかないですよ」「大丈夫、とにかくやってみれば何とかなります」「私たちはテープ起こしをすればいいんですよ」という調子で引っ張ってくれた。今では二時間以上の会議のテープ起こしを積極的に引き受け、質問が出るといきいきと答えている。小さな村の職員であっても、村民と話し合う機会はほとんどない。自治体職員が公務労働者として成長するには、住民のリアルな生活実態を生の声でつかむことが何より重要だ。職員の変化は、私にとって、大きな喜びとなった。

3　地方自治の危機に抗して

住民自治の基本は「議会」

二〇二一年に民生課長となり、住民係、保健係、福祉係、保健センター係、地域包括支援センター係、福祉企業センターの六係を民生課が所管している。保健師一筋でやってきた私にとって、事務職の課長のように仕事はできない。事務はプロの係長に任せ、保健師としての特技だけを活かそうと割り切ってはいるものの、ケーブルテレビの議会中継で、何度も暫時休憩を出して、進行を止めてしまうときなどは、情けなく泣き出しそうになる。しかし辛いことばかりでもない。村政全体が把握できる面白さ、村の政策に直接関われるやりがい、条例や要綱を住民にとってよりよい形に整備できる喜び、そして毎月行われる議会は、とても学ぶことが多い。

住民が自ら村を治めることが住民自治であり、だから村のことは最終的に村民が決める。その場が議会である。議会は、住民の代表である議員と、住民の代わりに事務を治める行政職員との政策づくりの場であると思う。その基本は話し合いと学習である。阿智村議会の研究活動は活発だ。政策検討委員会では、一二名の議員が三つの部会に分かれ、村政の課題を研究する。当事者や担当部署への聞き取り、先進地への視察、部会での話し合いを重ね提言としてまとめて村長へ提出し、本議会で村民へ報告される。提言は担当部署に渡され、委員会で担当課の方針や進捗状況を報告する。出しっぱなし、言いっぱなしということがないように双方が努力しなければならない。一般質問で答弁した内容についても、その後の状況報告が求められる。車の両輪としての関係がここにあるのだと思う。

政策決定の最終手段は多数決であるが、その合意形成をつくるためには丁寧な話し合いが必要だ。議会は行政の監視役であるが、議会と行政は車の両輪でもある。自由に話し合える信頼関係がなければ、監視役としての機能も十分に果たされない。特に議会は、住民の生命と暮らしに大きく関わるわけだから、より質の高い話し合いが求められる。かつて岡庭前村長は「村民以上の村はできない」と話し、高坂元議長は「職員以上の村もできない」と語った。両輪としての行政、特に幹部の課長会の責任は重大である。課長会の有り様は、今後の阿智村の将来に大きく作用する。その肝がしっかり機能するためには、課長会での話し合いが活発に行われることが大切だと思う。

「小さな自治」を目指して

阿智村の「委託」の考え方はユニークだ。岡庭前村長は次のように述べている。「阿智村は、住民自身が暮らしの中で必要とする地域課題を、自らの実践と研究によって開拓し、それを公共の事業として発展させる。一般的に行われている委託は、公共事業を縮小して住民に責任を転嫁するものだが、阿智村は、逆に公共分野を拡大し、住民自治を発展させていく。行政に関与していくことは、住民の権利であり、行政はこの活動を支援する。その住民自治を高める取り組みの要は、村づくり委員会にある。」

具体例を挙げれば、障がい者施設の「夢のつばさ」は、障がい児を持つ親たちが、村に子どもの働き場を保障し、親亡き後も一人で生きていけるために村づくり委員会を立ち上げ、行政と一緒に施設づくりに取り組んだ。出来上がった施設は村の指定管理を受け、立ち上げた住民たちによって運営されている。阿智村には、こういう施設がいくつもある。

阿智村議場

阿智村がめざす委託の考え方は、低コストを追求するのではなく、住民が行政に関わることを目的とした住民へ委ね託すことなのである。私は、阿智の村づくりを知るまで、民間委託の「民」に住民の「民」が有り得るなど少しも考えたことがなかった。岡庭前村長は住民が行政に関与するのは権利だという。住民の主体的な取り組みが、新しい公共として「公」を拡大し、そこに財政的支援を行うことで、指定管理や民間委託という形になることに目から鱗が落ちた。前述した保健福祉審議会の取り組みは、「小さな自治」の挑戦でもある。村の福祉政策の全体像を住民と共に描くことで、各々の施設のあり方を定め、そしてそれらの運営を住民と共につくっていく「協働」を目指している。

私は公を縮小させる民間委託の対抗軸は、やはり「住民自治」しかないと考えている。第六次総合計画の表紙には、「暮らす・生きる。阿智家族」と書かれた。住民はサービスの受け手として「ご理解とご協力を賜る相手」と表現されることが多くなったように感じる。しかしそれは、「住民主体」とか「協働」という概念より、ずっとわかりやすく、受け入れられやすい。住民自治の主人公である住民一人ひとりが、自治とは何かを問い続ける努力が「住民主体の村づくり」の実現につながるのではないだろうか。民主主義の学校としての公民館の役割、社会教育の真価が問われている。

平和な歴史を切り拓く一人として

私を阿智村に招いてくれた岡庭前村長は、二〇一四年二月一〇日四期一六年の村長の職を辞した。その退任あいさつで「自治体とは、住民の皆さんの生きた暮らしにしっかり応えなくてはならないことと同時に、住民の皆さんの暮らしを豊かにしたい、住みよい地域をつくっていきたい、という自らの運動をしっかり支え発展させていくことがわれわれの使命である。そうした住民の願いを阻害する国をはじめとするさまざまな行為に対しては、自らも住民として、あるいは労働者として共に闘っていくことができなくてはならない。われわれが担っている公務労働とは、住民の忠実な全体の奉仕者であると同時に、自らも住民の一人であり、歴史を切り拓いていく労働者として共に地域をつくっていく協創の役割を担うという二面を持っているのである」と話された。

私には自治体職員、公務労働者そして保健師としての成長に欠くことのできなかったかけがえのない恩師がいる。日本国憲法を血肉に闘ってきた先輩の岡庭一雄、人間発達と学びの本質を常に問うてくれた島田修一、そして話し合うということを徹底的に叩き込んでくれた松下拡の三氏である。三氏は共に下伊那テーゼをつくり、実践してきた人たちでもある。そして今、下伊那の地で働く機会に恵まれたことを、私は幸せに思う。

私が所沢市の保健師であった時に、南信州地域問題研究所の鈴木文熹元所長から「換骨奪胎」という言葉を教わった。したたかに、あきらめず、来るチャンスに備えながら時を待つ。五時まではやりたくなくてもやらざるを得ない仕事がある。住民にとって不利益だと分かっていながら食い止められない仕事もある。ただ不利益を最小限にとどめる最後の砦としての役割も大事な仕事だ。私たちの正解は、国の政策のなかにあるのではなく、目の前の住民のなかにしかない。住民の暮らしや背景は自治体によって様々なのだから、答えの出し方も様々で良い。自治体職員として、住民のなかにしかない真実を見つめること、その真実から国の政策を問うこと、そして住民として労働者として、平和な歴史を切り拓く一人となること、それが私の目標とする公務労働者の姿である。

（山　本　昌　江）

コラム③　地方自治と社会教育への期待

二〇〇〇年代に入ってから、政府による地方制度改革の流れが、これまでになく広範かつ急激なものとなっている。市町村合併、三位一体の改革によって、自治体の行政領域が広くなる一方、公務員が大幅に削減された。また、「地方創生」の下で、公共サービスの産業化＝民間化、公共施設の統廃合、数値目標の達成度に基づく財源配分の拡大も行われ、「自治体戦略二〇四〇構想」の下で、ＤＸ化の名による上からの情報化が推進されている。

社会教育の部署を含む自治体の職場で働く職員の多くが、このような国の動きに翻弄されて目前のデスクワークに追われ、地域の住民とじっくり話をし、中長期にわたる計画をたて、それを住民とともに実行することが難しくなってきているのではないだろうか。主権者である住民の多くも、よほど地方自治に関する新しい動きに関心をもたない限り、今の国主導の改革の本質や実態について、わからないままになっているといえる。

コロナ禍は、これまでの地方制度改革の底流に流れていた「自己責任」「強い自治体づくり」「選択と集中」「民間主導」という新自由主義的な考え方の誤りを炙り出すことになった。この考え方を最も「先進的」に具体化していた大阪府で、東京都を超えるコロナ死亡者を記録したのである。

他方で、ワクチン接種や給付金事業等においては、小規模自治体の優位性が目立った。少ない職員体制のなかで、住民の命と暮らしを守るために住民と協力しながら働く公務員の姿は、住民の福祉の増進を図る地方自治体の本来の役割を、示したといえる。

住民をとりまく課題は、コロナだけではない。それは、地域住民の生活や仕事、医療・福祉、産業、環境、国土保全に関わる多様な問題に加え、地球環境問題や平和問題に至るまで広がっている。これらの問題の解決に向けて、地方自治体が主体的に動くことが期待される時代であるといえよう。

では、地方自治体が主体的に動くとはどういうことなのか。地方自治体は、首長や議会のものでもなく、地方公務員のものでもない。主権者はあくまでもそこに住む住民である。これまでの新自由主義的な地方制度改革の思想のひとつにNPM（ニュー・パブリック・マネジメント）論があった。それは、地方自治体は企業と同じく経営体であり、「顧客」としての住民の満足度を高める使命があるというものだ。この考え方は、憲法と地方自治法が語っている地方自治の本旨や住民自治の考え方を否定するものである。

住民が主権者として自ら学び、成長し、地域社会を創造する手段が、社会教育であるといえる。現在、この社会教育の場である公民館や図書館等も民営化されてきており、主権者が自律的に学ぶ場の保障自体が大きな課題となっている。百年前、信州の地で農村青年たちが古い地域社会の変革をめざして自由大学を設立し、それが大正期の地方自治の拡充や地域づくりに寄与したことが知られている。そこでは、自己教育と社会教育の統一が理念とされ、学びから地域改造への発展が議論、実践されていた。

この住民のための社会教育の原点に立つならば、現代においても住民と社会教育に携わる職員が連携し、ともに学び、実践するなかで、地域と自治体を主権者である住民の福祉の向上のために再生するとともに、平和や地球環境問題という世界的課題に個々の地域から果敢に挑戦していくことは可能であるし、それを大いに期待したい。

（岡田知弘）

終章　転換期の地域自治と社会教育の課題

——本書から提起できること——

1　今日の社会教育労働の困難の核心

社会教育施設の外部委託と指定管理者制度

本書の執筆者には、「いま社会教育の仕事に従事している者は、どのようなことに悩みながら仕事をしているのか。どこに壁を感じ、それをどう乗り越えようとしているのが今日の社会教育職員なのか。そのことを、描ける範囲で論じてほしい」とお願いした。

それぞれの論文から、あらためて感じ入ったのは、公務労働として「人びとがさらに豊かに成長できるように情報を提供したり、出会いの場をつくったり、学習条件を整備したりする」ことが、いかにそのことだけに専心しにくい職場関係の下で行われているのか、ということである。

現実にそうした労働に従事している人たちの待遇は、社会教育施設が「公社」や地域組織といった団体に委託されている場合はその受託団体の職員、行政の直営施設の場合においても、非正規・臨時待遇、といった、あやふやな待遇の人たちが大多数を占めている。そうした待遇の人たちに大部分を支えられているのが、今日の日本の社会教育行政の実態である。

そうした脆弱な職員体制は、いわば苦肉の策として採られてきた側面もあった。まず、「公社」への委託についてみてみよう。序章で論じられたように、日本では、中央政府が「小さな政府」を目指し始めるのと連動的に、地方政府にも、財政合理化・組織のスリム化が強く迫られてきた。その中で現れた改革の一手法が、社会教育にかかわる部門を行政本体から切り離すという方法、すなわち、外郭団体を作ってそこに運営をゆだねるという改革であった。そこでは、社会教育・生涯学習支援に目的を特化した法人を創設することで、職員が異業種に異動することが避けられ、社会教育の専門職であり続けられることが、メリットの一つであるとされながら進められた。

こうした改革が現れ始めた段階では、行政が事業委託できる対象は、行政が出資して創った、いわば「官製」法人に限定されていた。そして、自治体がそうした法人を創設した後、その法人以外の団体にその業務を任せる可能性は、ほぼ想定されてはいなかった。しかしその後、「官から民へ」の構造改革をうけ、指定管理者制度（二〇〇三年）が生み出されたことによって、いかなる団体であっても、「公の施設」の運営を任せることができる対象とされた。以来、今日では、官製法人といえども、公募の進められ方や結果によっては仕事を失いかねないという、法人創設時には想定されていなかった危うさのなかにある。もちろん、そうした競争的関係のなかで、事業の質が磨かれていく可能性はあるだろう。しかし、競争にさらされた法人からすれば、いかに発注者（行政）からの評価を高めるかが、組織が生き残るための最大の関心事となる。となれば、住民の学習要求にじかに触れている立場からの専門的判断よりも、あくまで発注者への従順や慮りが過度に働きがちになったり、評価尺度が数値化されている場合は、その数値をとにかく高めることに専心しがちになることは、容易に想像されよう。

会計年度任用職員制度にゆらぐ非常勤専門職

社会教育の仕事をめぐっては、非正規化も激しく進められてきた。とりわけ、政府が一九九七年、自治体正規職員の定数削減を打ち出すとともに、頻繁なジョブローテーションとＯＪＴで職員一人ひとりの業務範囲を広げる方針を打ち出したこと(1)は一つの契機となった。正規職員の働き方が、社会教育の仕事になじみ、地域を深く知る経験を十分に重ねられないものとなるなか、職員の非正規化は、先にみた外郭団体の活用と同様、同一職種、同一地域での勤務経験の継続を可能とする手段としても捉えられて進められてきたむきもある。結果、社会教育労働の専門性は一定の経験の蓄積があってこそ担保され、発揮できるものであるとの認識であるからこそ、非常勤等で対応する、という矛盾が広げられていった。

こうした状況下に、二〇二〇年度より導入された「会計年度任用職員制度」が、不安定な待遇の職員に依存してきた社会教育の現場に今後もたらすであろう影響は大きい。

従来の「非正規」「臨時」といった待遇を束ね、「会計年度任用職員」として整理し直したこの公務労働改革は、政府の「同一労働同一賃金の実現」「長時間労働の解消」「高齢者の就業促進」を目指す「働き方改革」として進められたものである。そこでは、待遇面での一定の改善はみられるものの、その担当業務は、あくまで正規職員の「補助」であり、「臨時」であるとの位置づけが明瞭にされた。その会計年度任用職員の雇用は、名称通り「会計年度」、つまり一カ年単位の契約である。およそ三～五年まで延長はできるが、それから先は雇い止めとなり、仕事の継続を希望する場合は、再度の「公募」に応じなければならない。こうした条件で社会教育の仕事を継続するには、あくまで臨時的、補助的な役回りに徹し、その時折の上司筋にあたる正規職員からの「評価」を得られる働き方であり続けなければならない。そうしたなか、「補助」であり「臨時」である職に「研修」は必要ではない、との判断も広がりつつあると聞く。

つまり、新自由主義改革下の自治体は、その内部に社会教育労働を包含することが難しいかたちへと変貌させられてきている。そうしたなか、その時折の行革下にありながら社会教育労働を保存する工夫として、外部化、非常勤化といったグレーゾーンが活用され、広げられてきたむきもある。しかし、そうしたグレーゾーンを活用した工夫がつぶされ、グレーゆえの弱点を際立たせる形で、その後の行政改革が展開されているのである。

雇用側・発注側の社会教育への健全な理解をいかに導くか

このような厳しい状況下において、いかにすれば、地域に必要で、住民に求められる社会教育・生涯学習の機会を創り出せるのか、その力を職員である自分たちがいかにすれば蓄えることができるのか。そのことへの実践的模索が、本書には様々に論じられている。

共通して取り組まれているのは、自らが担っている社会教育の仕事が、住民や地域にとっていかなる意味をもつ労働であるのか、そのことの確認であり、そのことに仲間とともに取り組む時間づくり、場づくりであった。

佐野（7章）が所属する奈良市の生涯学習財団では、採用時期等によって仕事への意識が異なる、いわば、まだら模様の職員集団をワンチームへと導くべく、あの手この手の研修機会づくりが試されてきた。それが今日では、職員のみならず住民と社会教育理解を共有する取り組みへと発展し、その延長に、事業を職員と住民とで協働で作り出す機運にようやく至ったという。会計年度任用職員の立場で公民館で働く越前市の浅井（8章）は、仲間とともに、自らの仕事を見つめ直し、自らの仕事の意味を自信をもって語れる力、さらには事業をアップデートする力を獲得してきているという。

つまり、社会教育労働とは、その待遇からは想像しづらいほど公共性の高い仕事であり、専門性が求められる労働である、という、それぞれの職場の慣習のなかだけではたどり着きにくい社会教育理解を、職場を越えて学び、語り合い、獲得しあっている。本書に描かれている諸実践の背景には、共通してこうした営みが存在している。

さらに、そうして得た社会教育理解のもと、各人が各現場でよい仕事を重ねさえすれば、それで事足りるということではない。全体の質を底上げしながら、行政、ひいては地域住民の社会教育理解を広げていく、その不断の努力ぬきに、社会教育労働を行政システム内に維持し続けることはできない。岡山市の内田（5章）が論ずるように、かつて非正規職員の正規化を導き出した岡山が取り組んできたことも、まさにそのことであった。そして今日の厳しさの中で、あらためてこの努力をいかにこれから展開するかが問われている。

2　住民主体にむきあう公務労働の今日的展開

住民自治に「巻き込まれる」ことで育まれる公務労働

では、正規職員の側は、健康的に職務に従事できているかというと、必ずしもそうではない。むしろ、誠実に住民のための仕事を目指す者ほど、その悩みは深い。阿智村の山本（12章）はこう論じている。「自治体職員が元気を失うときは、誰のために仕事をしているのか、分からなくなるときではないだろうか。住民の幸せのための仕事だと確信がもてれば、多少辛くても耐えられる。しかし現実は国民に負担を強いる国政の代弁者として働かせられる仕事も多い」

こう記されているように、今日の公務労働は、「その仕事は果たして住民のためのものになっているのか」という葛藤を孕みやすいものとなっている。序章で論じられているように、自治体改革の今日的段階は「財政負担を軽減するための『合理化』が推進された段階から、『公共サービスの産業化』という段階にすすんできている」。そして「利益を出すことになじまない部分については、住民同士の『共助』を求める動きがつくられている」。すなわち今日、正規職員として地域に向き合う者、社会教育の仕事に従事する者の職務内容は、地域の人たちへこうした「共助」への参加と実働を要請しながら、自らはそこから次第に手を引く、という、そうした動員的要素を含んでいる場合が少なくない。

一方で、こうした「共助」や、住民主体の事業づくりに、住民とともに取り組むことこそ、自治体職員がその力量を高めていく最も強力な方法である、との認識を深く定着させてきた自治体もある。

飯田市（1章）、そして飯舘村（3章）はその好例である。ところで、この飯舘の展開をめぐっては、筆者には忘れられない思い出がある。東日本大震災以前、飯舘村は「社会教育の村」「住民を育てる村」として、全国的に注目されていた自治体であった[2]。それが、福島第一原発事故によって放射能に深く汚染され、村民全員が離村しなければならない事態に追いやられた。その後の二〇一一年末、私は菅野典雄・飯舘村長（当時）にお話を伺う機会を得た。そこで私が問うたのは「飯舘が蓄積してきた自治の力は、震災後の飯舘の展開にどのように活かされたのか」ということであった。なにがしかポジティブなお話をいただけるのではないかと、淡い期待をもちながら臨んだのだが、その時点の菅野氏からは、「これが他の災害であれば生かされたはず」「しかし、こと原発事故には、飯舘の自治の蓄積は通用しない」と厳しく言い切られた(3)。

しかし、飯舘村の藤井の論稿（3章）によれば、それから一〇年以上が経過して、村では、住民と職員との協働で地区計画、ひいては総合計画をつくりあげていく、そうした従前からの関係性の再構築が目指され、職員が、かつて以上により組織的に帰村した人たちに関わる体制がつくられるに至っているという。震災以前の飯舘村政の思想と方法が、震災後においても、改めて選び取られていることに、その確かさを確認した次第である。

では、飯田や飯舘と、近年、少なからずの自治体で現れている、自治組織を再編させてそこに公民館等の運営委託を求めたり、地区ごとになんらかの地域づくりにかかわる計画の策定と実施を求めたりする動向とは、どこで一線を画するのか。飯田市の木下（1章）はそれを、「住民自治が先にあり、住民自治の伸長の先に、住民自治と自治体との協働がある。あるいは自治によって公共が変わっていく、そういうプロセスである」と論じている。

そのプロセスが成り立つ土壌は、相応の年月の中で育まれている。木下は、飯田の「学びを貴び人が育つ風土」の形成を大正期にまでさかのぼりながら論じている。その土壌の上に成り立つ官民関係も、例えば飯舘における村民主体の計画づくりと村との関係は、震災以前の段階で、おおよそ三〇年をかけて育まれていた。そして重要なのは、そこで住民によって取り組まれている計画は、行政の下請け的な内容では決してない、という指摘である。ここで取り組まれているのは、行政が枠組みを設定した取り組みに住民を参加させることではない。住民が、地域に必要な事業を考え出し、それを実現化するための計画であり、そこに、公務労働者が、その実現にむけ、職員の顔と住民の顔の双方を巧みに使いながら支援する姿があるのだという。

住民主体を導き出す公務労働の質

現在は阿智村在住の細山（9章）は、そうした住民が学びあいながら新たな公共事業を立ち上げていくプロセスに、阿智村では社会教育労働（大石・4章）が「最後まで」伴走していることを指摘している。細山は、自らの所沢市での社会教育職員としての経験と対比させ、阿智村の社会教育職員の仕事の仕方が、住民の学習機会づくりや、集団化支援にとどまらず、課題解決に向けて新たな公共事業が生み出される最後のところまで伴走しきっており、こうした働き方に、これから目指されるべき社会教育労働の質を展望している。

そうした飯田や飯舘、阿智等の自治体と比べると、公民館を地域委託し、その単位ごとでの住民による地区計画づくりを企図している白石市の展開（2章）は、序章で危惧された「地域課題を解決したいという『下からの要求』を逆手にとって、自治体サービスのスリム化をめざす『上からの要求』が貫徹されかねない状況」の典型に映るかもしれない。しかし、白石市の行政職員である佐々木は、自治体の地域に対する姿勢はそこにも至らないとする、より厳しい見立てをしている。曰く、行政は、地域にたいして、自らが主導する行政計画づくりに、参加して役割を果たせるだけの実力があるものとは見ていない。そもそも、取り立てて尊重すべき意思がある存在としても捉え切れていない、と佐々木は見ている。しかし、そうであってはならない。地域には一般意志[4]を生み出す力が備わっている。佐々木は、地域委託された公民館との数年のつきあいを経るなか、そのことに市の正規職員が気づくことが、これからの自治体にとって不可欠であるとの確信に至っており、そうした気づきを職員が持てるように、地域が一般意志を生み出し、表明しうるプロセスを支援し続けてきた[5]。

ここで注目したいのは、そのプロセスで佐々木が取り組んできた内容は、従来の社会教育職員の思考や仕事の発想とは随分と異なるものを含んでいる、という点である。

例えば一つには、地域のための資金調達である。地域で学習会を取り組みたいとの思いが現れたとき、そのために使える助成金制度がないかを探り、つなげてきた。例えばそれが、事業主体が行政であれ使える制度であれば、行政の立場で申請をする、住民組織が主体となり使えるとなれば、その立場での作文に協力する、という具合にである。こうした助成制度をめぐる情報は、よほどアンテナを高くしていなければ見つけられないし、よく吟味しなければ自分たちで使えるものか判断できない。それらをキャッチできる人脈をも広げながら、財源を地域につなげていく、という働き方である。

二つには、そうした制度や財源を使って外から連れてきたのが、プロのまちづくりコンサルタントであった。一般に、このファシリテーター役を担う力量は、公民館等、社会教育職員の重要な専門性の一つとされ、その役割を職員、ないしは住民がこなすことが一つの理想形として考えられがちである。しかし、白石では、あえてその役割は職員も住民も担うことはせず、外部者に任せる、というやり方が採用されている。

地域には未だ、「それは誰が言った意見なのか」ということが、道理よりも優先されるきらいがある。そのことを越え、意見が対立する場面もくぐりながら、理性的、客観的、前向きに合意をいざなう役割を、一住民でもある公民館職員が担うのはリスクが大きく、そうした部分こそ、よそ者のプロに任せた方がよい、との判断である。結果、白石市の場合、各地区における話し合いの場面には、地域での話し合いの場を廻す役割の「外部者」が地区ごとに継続的に入り、そのファシリテートのもとに、話し合いが積み重ねられている。

行革が進み、公民館が地域に委ねられたその先に、地域の人たちがそれぞれの意志を持ち寄り、地域の皆の利益となる合意（一般意志）がつくり出されるために、公務労働が果たしうる役割や可能性の吟味は、緒に就いたばかりである。

3　あらためて自治体に社会教育労働を据え直す

自治体に頼りにされる社会教育部門を目指して

全国的には、社会教育労働の非正規化、非専門職化、地域委託が進むなかにあって、君津市は、原則的な社会教育職員制度をある程度保存することができている数少ない自治体である。君津市では、社会教育主事有資格者の正規職員が、中学校区単位で設置された各地区公民館に配置されている。ここ君津市では、先に見たような、行政計画への地域自治からの加担のようなところに、公民館ないし公民館職員は関与していない。それだけ、君津市の公民館制度は、一般行政から独立した社会教育制度としての枠組みを守ってきた、といえるだろう。その条件に恥じない職員の働き（10章）に、学習する住民からの信頼は厚い。

しかし、そうした現状が、住民生活をより良いものにしていく具体的な実践にせまりきれておらず、ひいては、行政本体における社会教育部門への理解の弱さを作ってしまっているのではないか、との「自省」を論じているのが君津市の布施（6章）である。こうした職員たちの自省の先に、現在、君津市では、首長部局との接点を積極的に模索する改革、具体的には「公民館と併設の行政センター機能を掛け合わせられる組織編制にする」「社会教育専門職の交流・研修・人事異動を可とする」ことを目指した動きが開始されている。

獲得され守られてきた公民館への専門職配置であるが「『果たして今が本当に守るべき〝公民館〟なのか』という点は、議論のなかで一致した。専門職の採用も続かず、公民館の諸条件の発展も困難な現状の延長線上に、自然に公民館が発展するという姿を重ねることはイメージできない」という。守り続けてきた社会教育職員制度をただ守り続けようとする姿勢のみでは、もはやこれから先には通用しないとする判断は重たい。

この布施らの判断と改革方針には異論や懸念を持つ人もあるだろう。しかし、ここで確認しておきたいのは、この改革提案が、今日各地で展開されている社会教育行政改革の多勢とは異なり、その職を担う立場からの厳しい内省の先に現れている点であり、そのことを大事に受け止めたい。

ＮＰＭ型と表現される近年の自治体改革の主要な特徴の一つに、「企画立案と実施の分離」が上げられる。その背景には、業務のアウトソーシング（外部委託）を可能な限り進めていく、という今日の自治体改革の基本的な姿勢があり、そのなかで、自治体の役割は、事業の実施主体ではなく、実施部門を評価する役割へのシフトが目されている。その影響を受けてか、今日の自治体政策形成においては、現場部門の職員参加が極めて乏しくなっており、あくまで行政中枢のみによって担われる傾向にある。そこではその結果、その後にその職務を自らが担うことが想定されていない、関わったとしてもあくまで評価者としての立場から企図されるのが、今日の自治体政策形成の多勢となってきている。こうした姿勢からは、社会教育行政を行政内部に再定位させながら、自治体職員が地域住民に向き合う力を育む道筋を拓いていく方向性は、まず生まれないであろう。

そうしたなか、いま私たちが問うべきは、君津で取り組まれているように、住民の学びと行動に直接接している現場職員の立場から、自らの仕事の質、ひいては自治体の総体力を高めることを目指した協議や改革が導き出される道筋をいかに展望するか、ということなのではなかろうか。

岡山市（5章）においても、公民館の存在価値と、その果たすべき使命を、市の中枢部に知らしめる「岡山市立公民館基本方針」（二〇一九年）が、職員によるプロジェクトチームでの議論に、市民意見も練り込んで作り上げられている。策定に関与した内田自身が、この基本方針を打ち出したことの「諸刃の剣」性を指摘している。もしここに描かれたことが実現できないとなると、公民館では役に立たないとして、他の施設に切り替えられる恐れもある、と。しかし、そうしたリスクがありながらも、攻める姿勢でもって、一般行政からの認知を得ないことには、岡山といえども公民館制度を守ることができないという厳しい現実認識と、その職責を担ってきた立場からの覚悟がここにある。

自治体改革への住民意思反映原理の再構築

こうした、住民の自治と学習に向き合いきる自治体の質を目指そうとした際、最も重要なのは、そのことへの住民からの支持が現れてくるかどうか、ということであろう。

先に触れた君津の社会教育・公民館改革構想は、いわゆる公民館運営審議会や社会教育委員の会議など、社会教育制度固有の住民参加制度をさほどぐらせてはいない。これは、住民の意見を軽視している、ということでは決してない。布施は、君津の公民館職員制度が守られてきたことに、かつての社会教育委員の会議などが非常に重要な役割を果たしながらも、しかし今日では、委員の選出の仕方など、相当の質的な変化があり、社会教育行政固有の参加制度に、従来のような役割が期待できないことを示唆している。

とはいえ、民意からの支持を得るというプロセスを経ることは不可欠である。社会教育固有の参加制度での議論を越え、より広く、行政全体、住民全体の納得と理解を得る道筋が検討されなければならない。

つまるところは議会での納得、ということになるのだろうが、こうしたより高次でフォーマルなテーブルでの合意を導くということと、地域のインフォーマル日常、そこに「考え合う」日常がどれだけ累積しているか、ということが地続きの関係にある、との指摘も本書には随所に示されている。阿智村でよく語られる「村民以上の村はできない」というフレーズ（12章）はまさに、職員の議論や、議会の議論の質は、村民の日常での話し合いの質と地続きである、ということ示しているのであろう。白石市の佐々木（2章）は、住民の人たちの地区計画づくりへの加担や、そのことを円滑に進める助成制度の検討を仕掛けながら、しかしその議論が未成熟に終わった経験を振返り、「普段からこういうことを、『考え合っている』『学び合っている』という関係性を作っていく、ということが必要なのだということに気づいた」と論じている。そうした日常の累積に粘り強く取り組むことの延長に、地域の一般意識は成り立つのであろう。

住民、国民の納得、という点では、ここまで論じてきた地縁を基盤とした住民自治と社会教育行政の関係の再構築の課題もさることながら、地縁関係を越えて広がる、深刻な社会的、地球的課題解決への参加を広げていくことに、社会教育がいかに貢献しうるかも、問われている。西東京市の松永（11章）は、会計年度任用職員である自らの立場を「官製ワーキングプア」と自虐的に表現しつつも、その脆弱な立場をものともせず、格差・貧困問題の広がりに人々が気づき、その改善への加担に誘う学習企画を盛んに仕掛けている。しかし、今日の職員制度をそのままに、第二、第三の松永のような存在ははたして現れるのか。そもそも、このような職務に会計年度任用職員の待遇がなじむのか。この職員制度のよりよい運用に向けた検討、ないしは制度そのものの改善提案につながる研究が急がれる。

書けないところに添いきる共同研究をめざして

最後に、編者として、それぞれの論稿の執筆プロセスにかかわらせていただくなかで感じ入ったこととして、もう一点触れておきたい。それは、今日の公務労働に従事する職員の「書ける範囲」の限定性である。それぞれのご執筆の過程では、「職場の中で起こっていることを、そのまま赤裸々には書けない」「書けないところに、真の苦しみがあるが、それは今の立場でそれを書き残すわけにはいかない」「事実を描き切ると、誰かを傷つけてしまいかねない」「文章にすることで、積み重ねてきたことを壊しかねない」という類の言葉をいくつも聞くことになった。執筆者のお一人お一人が、そうした逡巡を重ね、どこまで書けるかを測りながら、削りながら、たどり着かれたのがそれぞれの論文である。その過程で深く苦しみ、このたびは執筆を最終段階で断念された人も、残念ながらおられた。そうした、「書けないところ」にこそある「真の苦しみ」とは何か、いかなる研究的態度をもってすれば、その内実は読み解けるのか。その解決の筋道はいかにして拓かれるのか。本書をその問いへの入り口にしていただけるなら幸いである。

（石井山　竜　平）

注

（1）「地方自治・新時代に対応した地方公共団体の行政改革推進のための指針の策定について」（平成九年一一月一四日付　自治事務次官通知）、「地方自治・新時代における人材育成基本方針策定指針について」（平成九年一一月二八日付　自治省行政局公務員部長通知）。

（2）島田修一・辻浩編『自治体の自立と社会教育―住民と職員の学びが拓くもの―』ミネルヴァ書房、二〇〇八年。千葉悦子・松野光伸『飯舘村は負けない―土と人の未来のために―』岩波新書、二〇一二年、等を参照のこと。

（3）石井山竜平編著『東日本大震災と社会教育―三・一一後の世界にむきあう学習を拓く―』国土社、二〇一二年。

（4）ここで活用した「一般意志」とは、ルソーが『社会契約論』（一七六二年）（翻訳書に中山元訳、光文社古典新訳文庫、二〇〇八年、など）で用いた概念に準じたものである。

（5）白石市の公民館における一般意志形成の具体については、「未来に託せる地域を目指した公民館の経営―白石市公民館の取り組みから学ぶ―」『月刊社会教育』二〇二一年一月・二月、を参照のこと。

執筆者紹介

序　章　辻　　　浩（つじゆたか）
名古屋大学大学院教育発達科学研究科教授

第1章　木下巨一（きのしたのりかず）
元飯田市職員

第2章　佐々木さつき（ささきさつき）
白石市市民経済部まちづくり推進課係長

第3章　藤井一彦（ふじいかずひこ）
飯舘村教育委員会生涯学習課長

第4章　大石真紀子（おおいしまきこ）
阿智村協働活動推進課係長

コラム①　岡庭一雄（おかにわかずお）
前阿智村長

第5章　内田光俊（うちだみつとし）
岡山市立西大寺公民館長

第6章　布施利之（ふせとしゆき）
君津市教育委員会副課長・君津市職員労働組合執行委員長

第7章　佐野万里子（さのまりこ）
奈良市生涯学習財団春日公民館長

第8章　浅井真由美（あさいまゆみ）
越前市教育委員会生涯学習課社会教育指導員

コラム②　姉崎洋一（あねざきよういち）
北海道大学名誉教授・社会教育推進全国協議会委員長

第9章　細山俊男（ほそやまとしお）
前社会教育・生涯学習研究所所長

第10章　會澤直也（あいざわなおや）
君津市小櫃公民館職員

第11章　松永尚江（まつながなおえ）
西東京市保谷駅前公民館専門員

第12章　山本昌江（やまもとまさえ）
阿智村民生課長

コラム③　岡田知弘（おかだともひろ）
京都橘大学教授・京都大学名誉教授

終　章　石井山竜平（いしいやまりゅうへい）
東北大学大学院教育学研究科准教授

監　修
社会教育・生涯学習研究所

編　者
辻　　　　　浩（名古屋大学大学院教育発達科学研究科教授）
細　山　俊　男（前社会教育・生涯学習研究所所長）
石井山　竜　平（東北大学大学院教育学研究科准教授）

社会教育・生涯学習研究所
「学びの共同センター」として民衆の立場に立つ生涯学習の創造をめざして、1997年に設立。課題研究と地域調査を行い『年報』を発行するとともに、『自治体の自立と社会教育』（ミネルヴァ書房、2008年）、『人間発達の地域づくり』（国土社、2012年）、『自治が育つ学びと協働　南信州・阿智村』（自治体研究社、2018年）を刊行。阿智村で「自治と協働を学ぶ学生セミナー」を開催して、公務労働の本来のあり方を学生とともに探求している。

地方自治の未来をひらく社会教育

2023年3月27日　初版第1刷発行

監　修　社会教育・生涯学習研究所
編　者　辻　　　　　浩・細　山　俊　男・石井山　竜　平
発行者　長　平　　　弘
発行所　株式会社　自治体研究社
〒162-8512 東京都新宿区矢来町123　矢来ビル4F
電話　03-3235-5941　ファックス　03-3235-5933
https://www.jichiken.jp/　E-mail : info@jichiken.jp

印刷・製本　モリモト印刷株式会社　　DTP組版　赤塚　修

ISBN978-4-88037-753-7 C0037

自治体研究社の出版物

自治が育つ学びと協働　南信州・阿智村

社会教育・生涯学習研究所　監修／岡庭一雄　細山俊男　辻　浩　編

定価 1980 円

「小さな拠点」か「小さな自治」か。地域はせめぎあいの中にある。南信州・阿智村で取り組む持続可能な地域づくりの実際とその哲学を紹介する。

学校統廃合を超えて
——持続可能な学校と地域づくり——

山本由美　平岡和久　編著　定価 2750 円

学校の統廃合が止まらない。子どもの成長、発達はどうなるのか。地域社会に未来はあるのか。子ども、学校、地域を守る各地の取り組みを紹介する。

「学び」をとめない自治体の教育行政　コロナと自治体 5

朝岡幸彦　山本由美　編著　定価 1430 円

コロナ禍で行われた「学び」を止めないための、学校、公民館、NPO などの挑戦を紹介。併せて米国の「安全な」学校再開条件の取り組みも報告する。

公民館はだれのもの
——住民の学びを通して自治を築く公共空間——

長澤成次　著　定価 1980 円

公民館に首長部局移管・指定管理者制度はなじまない。社会教育施設の再編を背景に学びの自由と自治が脅かされる。公民館の可能性を再度、追究する。

公民館はだれのものⅡ
——住民の生涯にわたる学習権保障を求めて——

長澤成次　著　定価 2200 円

公民館は社会教育法を支えに地域の教育権・学習権を守り続けてきた。しかし、規制緩和の名の下に社会教育法が壊されようとしている事実を検証する。